JN083458

新装版

ジュニアサッカー審判マニュアル

正しい判断と動き方がわかる

(公財)日本サッカー協会
1級審判インストラクター　岡田 正義 監修

メイツ出版

はじめに

「子どものサッカークラブで、試合の審判を頼まれたが、結局できそうもなくて断ってしまった」「大学で小学生にサッカーを教えているが、審判についても少し勉強してみたくなった」

本書では、そんな人たちのために、ジュニアサッカーの試合を裁く審判のノウハウを、50の「コツ」として紹介している。そして、それぞれのコツは、覚えやすいように、重要なポイントを3つに絞り、「ツボ」として解説している。

パート1は「キックオフまでの準備」、パート2は「主審の役割」、パート3は「副審＆第4の審判員の役割」について解説。すべて読んでもらうのがベストだが、時間がない場合は、自分が受け持つパートだけでもしっかりと頭に入れていただきたい。

また、各コツでは、ジュニアサッカーならではの現象や注意点も書かれているので、ぜひ参考にしてもらいたい。

本格的な審判を目指すのであれば、本書に書かれてあること以外にも覚えることはたくさんあるし、多くの経験も必要だ。しかし、ジュニアサッカーレベルであれば、本書を読んで審判法やルールを理解することにより、自信を持って審判を担当することができる。

実際に審判をやらない方でも本書の最新のサッカールールに加え、審判としての知識も身につけられれば、サッカーがよりおもしろくなるのは間違いない。

審判に必要な「三要素」

欠かせない
知識、体力、心理

　審判は常に、その場その場での正しい判定と的確なルールの適用が求められている。そのため審判には、「知識」「体力」「心理」の三要素が必要になってくる。

　「知識」とは、ルールにどれだけ精通しているか、ということ。激しくてもフェアーなプレーとアンフェアーなプレーを見極め、的確なアドバンテージとともに、必要なところではしっかりと笛を吹く。決して、ひとりよがりの判定をしてはならない。

　また、審判が判定を下すには、的確なポジショニングが必要になる。特にゴール前では、プレーの近くで、かつ

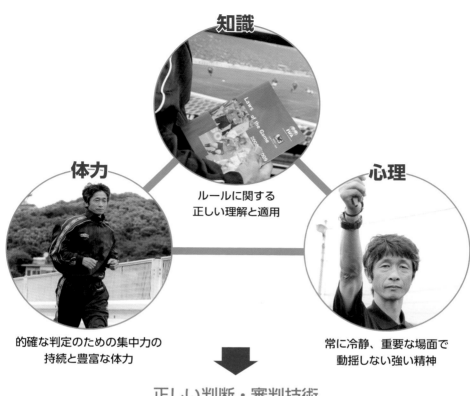

知識

ルールに関する
正しい理解と適用

体力

心理

的確な判定のための集中力の
持続と豊富な体力

常に冷静、重要な場面で
動揺しない強い精神

正しい判断・審判技術

円滑なゲームコントロール

見やすい場所で判定を下さなければならない。そのための集中力の持続には、「体力」が必要である。

　最後に「心理」。審判は常に冷静で、精神的な強さを維持していなければならない。特に異議やファウルをされたフリ（シミュレーション）に対しては、強い信念を持って対応する必要がある。常に公平であり、ルールの適用に私情を入れてはならない。また、対立関係を招くケースでは、早期に、かつ積極的に介入し、判定を下すことも必要である。

　このように、審判をするにはこの三要素が欠かせない。これを念頭において、試合を進めていくことが重要である。

特集❶

1人制審判法で選手の スポーツマンシップを育む

ジュニア世代の8人制サッカーでは、通常の3人制審判のほかに、
1人制審判も採用されます。試合で1人制審判を有効に活用できれば、
子どもたちのレベルアップ、
さらにはスポーツマンシップを身につけさせることができます。

1 いつから始まったのか?

1人制審判は、2011年から日本サッカー協会主催の全日本サッカー大会で取り入れられるようになりました。日本では主にジュニア年代で多く取り入れられています。

2 1人制審判は どんなことをするのか?

1人制審判では、本来副審の任務であるオフサイドやタッチライン、ゴールラインアウトの判定まですべて主審1人で行います。1人ですべての判定を行うため、疑わしきは罰せず、選手のフェアプレー精神を尊重することが基本となります。選手と審判がお互いにリスペクトすることでゲームが成立し、自ずとフェアプレー精神が育まれていきます。

3 1人制審判法のねらい

1人制審判では、明らかなケース以外はオフサイドになりません。そのため、ゴール前の攻撃のケースが増え、より白熱した試合が展開されるようになります。また、ラインを割ったときには選手が自己申告してリスタートするといった自主性が求められます。それにより、日本のジュニアサッカーのレベルアップが期待できるだけでなく、スポーツマンシップを養うこともできるのです。

4 3人制審判との違い

通常のサッカーの試合では、主審1名、副審2名、第4の審判員1名の計4人で運営されます。一方1人制審判は、フィールドにいるのは主審1名、補助審判1名のみで行われます。8人制サッカーで取り入れられるため、ルールやフィールドの大きさなどの違いもあります。そのため審判の動きも、3人制審判のときのような対角線審判法にとらわれず、なるべくプレーに近く、かつ広い視野を確保できるように工夫する必要があります。

5 1人制審判の試合で大切なこと

1人制審判では、選手やスタッフ、観客から判定への不満な声が出た時にも屈しない強い精神力が必要です。自分1人がこの試合を全て任せられているという責任感、そして自分が見えたものに対して素直に判定する公平性と誠実さも大切。また、1人でフィールド全体を見る必要があるため、体力・スピードなどフィジカル的な要素は不可欠です。

1人制審判を務める場合は、通常の3人制よりも審判としてのスキルが必要とされます。まずは本書で紹介する主審、副審としての審判スキルを磨いていくことで、1人制審判にも対応でき、ゴール前の攻防というサッカーの醍醐味を引き出せるのです。

6 今後の課題

まだ日本で広く普及している制度ではありませんが、今後の大きな課題は「選手・チームスタッフ・観客（ご父兄の方々等）の理解」を深めること。それにより普及していくことを期待します。1人制審判は、3人の審判が1人になってしまったのではなく、誰も審判がいないところに1人審判が入ってくれた、と考えるとよいでしょう。

本書の使い方

本書は最初から読み進めるべき解説書ではありません。各テクニックが見開き完結となっており、みなさんが知りたい、習得したい項目を選び、読み進めることができます。

各テクニックは、それぞれ重要な3つの『ツボ』で構成され、習得のポイントがわかりやすく解説されています。

コツがわかるから覚えやすい。覚えやすいから身につけやすい。ぜひジュニアサッカーの審判として、円滑なゲームコントロールに役立ててください。

コレができる
そのテクニックを修得することで、何がよくなるのか、修正されるのかがわかります。

本文
掲載しているコツの概要を紹介しています。テクニックを使用する場面などを整理することができます。

効くツボ
『効くツボ』3つをさらに短く表現。ここさえおさえれば、テクニック習得はもう目前です。

コツ No.
50項目のテクニックを掲載。すべてを自分のものにし、レベルアップを目指してください。

コツ No. 04 ▶▶▶ フィールドの確認
フィールド全体を見て不備がないか確認する

コレができる 試合前にフィールド全体を確認することで、公平なゲームが行える

フィールド上に全てが配置されているか確認する

試合を円滑に行うためには、しっかりとフィールド上に全てが配置されていなければならない。ラインやフィールド全体が曲がっている状態では、まともな試合は成立しないからだ。

まずフィールドの大きさやラインなど、全体を目で見て確認をする。その上で、フィールド上に置かれているゴール、コーナーフラッグの位置や大きさを確認する。特にゴールやゴールネットは、得点に係わる重要な部分なので、一層注意する。

効くツボ
1. フィールド全体の確認
2. ラインやフラッグの確認
3. ゴールの確認

追加メモ
一般的な少年の11人制サッカーのフィールドの大きさは横80m×縦50m、8人制サッカーのフィールドは横68m×縦50mを推奨している。

20

追加メモ
さらに知っておくと役に立つ情報や最新ルールを追加して説明しています。

タイトル

具体的なタイトルで、知っておき
たいポイントが一目瞭然。どこか
らでも読み進められます。

効くツボ1・2・3

3つの『ツボ』を詳しく、わかりや
すく掲載しています。しっかり身に
つけ、早い習得を目指してください。

効くツボ 1

**フィールド全体を
確認する**

試 合前には必ずフィールド全体を見渡して
確認をする。ゴールの位置、ペナルティー
エリア、コーナーの位置などを全て確認する。
全ての基本はセンターマーク。センターマーク
を中心にきちんとフィールドが描かれているか
確認をしておく。

効くツボ 2

**ラインやコーナーフラッグを
手をかざして確認する**

ラ インが真っ直ぐに引かれているか、左右
に曲がっていないかなどの確認をする。
自分の手をライン上にかざして見るとわかりや
すい。また、コーナーフラッグなどが決められ
た位置に刺さっているか、折れたり、壊れたり
していないかなども確認する。

効くツボ 3

**ゴールの位置や
ネットの破れなどを確認**

ゴ ールは得点に係わる場所なので、試合を
行う上で最も重要になってくる。ゴール
の位置はもちろんだが、ネットが破れていない
かなどを入念に確認する。ネットの裾の部分が
しっかり固定されているか、ボールがネットを
越えて出てしまわないかどうかも確認する。

やってみよう

ゴールネットは入念に確認

ゴールネットは手で触って確認する。下の部分
だけでなく、ゴールとの付け根、上、左右と
全ての場所を手などで押して、固定されている
か、破れていないか、強度はあるかを確認する。

できないときはここをチェック ☑

基本的にフィールドの確認は1人では
できない。副審、第4の審判員と共
同で確認を行い、そのあとお互いで報
告しあって準備万全にする。

Let's やってみよう

掲載された内容が身についたら、さらなる
レベルアップを目指し、ここに掲載されて
いる内容にもチャレンジしてみてください。

できないときはここをチェック

やってみてもなかなかうまくいかない。そ
んな時はここを読んでみてください。落ち
入りやすいミスを掲載しています。

ジュニアサッカー 審判マニュアル 新装版
正しい判断と動きがわかる

はじめに ――――――――――――――――――――― 2

審判に必要な「三要素」 ――――――――――――――― 4

特集① 1人制審判法で選手のスポーツマンシップを育む ――― 6

本書の使い方 ―――――――――――――――――― 8

PART 1 キックオフまでの準備

試合のジャッジだけが、審判の仕事ではない。
キックオフまでに、下準備を済ませておく。

コツNo.01 1試合を走り抜く
走力とスタミナをつくる ――― 14

コツNo.02 ルール、試合時間などは
前日までに入念に確認する ――― 16

コツNo.03 審判員でミーティングをして
お互いの信頼を深める ――― 18

コツNo.04 フィールド全体を見て
不備がないか確認する ――― 20

コツNo.05 服装は選手と区別する
用具は役割を理解して使う ――― 22

コツNo.06 選手の用具を確認して
チームの色分けを明確にする ――― 24

コツNo.07 公正な試合をするために
審判と選手でフェアプレーを誓う ― 26

コラム① 8人制サッカーの競技規則 ――― 28

PART 2 主審の役割

主審は、誰もが納得するスムーズな
ゲームコントロールを常に追求するように心がけたい。

コツNo.08 競技のスムーズな進行のために
リーダー意識を常に持つ ――― 30

コツNo.09 フィールド上を対角線に
走り多角的にプレーを見る ――― 32

コツNo.10 キックオフを行う選手を除いて、すべての選手が
自陣に入っていることを確認する ――― 34

コツNo.11 ファウルの程度には3種類あるので
しっかり見極める ――― 36

コツNo.12 手を使ったファウルは
選手の意図と状況で判断する ――― 38

コツNo.13 ファウルが意図的か
そうでないのかを見極める ――― 40

※本書は2020年発行の『少年サッカー 審判マニュアル 改訂版 正しい判断と動き方がわかる』の内容に加筆・修正を行い、タイトルと装丁を変更した新装版です。

CONTENTS

コツ No. 14 選手の安全を守るためケガの恐れのあるファウルを覚えておく —— 42

コツ No. 15 ボールと壁の位置と距離を確認して、注意を促す —— 44

コツ No. 16 間接FKの再開方法で特別な事例を覚える —— 46

コツ No. 17 警告になる行為は8つ選手の意図を読み判定する —— 48

コツ No. 18 警告になりそうな選手は事前に注意して状況を見極める —— 50

コツ No. 19 著しく不正なプレーにはレッドカードを直ちに出す —— 52

コツ No. 20 得点直前の妨害にも厳しい判断でレッドカードを示す —— 54

コツ No. 21 規定の位置につくまでPKの合図をしない —— 56

コツ No. 22 勝利チームを決めるPKでは、人数や順番、場所を確認 —— 58

コツ No. 23 負傷者が出た場合はケースに合った的確な対応をする —— 60

コツ No. 24 アドバンテージを見てすぐにプレーを止めない —— 62

コツ No. 25 オフサイドはボールと選手をよく見て判断する —— 64

コツ No. 26 プレーを妨害するオフサイドを見極める —— 66

コツ No. 27 守備側の選手に不利益ならオフサイドの反則を取る —— 68

コツ No. 28 攻撃側が利益を得たときのオフサイドを見極める —— 70

コツ No. 29 オフサイドにならない特殊な事例を頭に入れて備える —— 72

コツ No. 30 ドロップボールは腰の高さ他の選手は4m以上ボールから離れる —— 74

コツ No. 31 ボールがラインを完全に割るまではインプレー —— 76

コツ No. 32 スローインのフォームや投げ入れる場所に注意 —— 78

コツ No. 33 ゴールキックのとき遅延行為などの反則に注意 —— 80

コツ No. 34 コーナーキックではボールと選手の位置を確認する —— 82

コツ No. 35 得点の判断はボールの全体が越えたら得点 —— 84

コツ No. 36 選手交代は決められた条件を頭に入れてスムーズに行う —— 86

コツ No. 37 アディショナルタイムの時間は主番の裁量で決める —— 88

コツ No. 38 終了後は選手同士で健闘をたたえ合うことを徹底 —— 90

コラム② 8人制サッカーのフィールド —— 92

CONTENTS

PART 3 副審&第4の審判員の役割

副審と第4の審判員は主審の要求に応じて、
必要なところで積極的に主審をサポートする。

コツ No.39 役割を分担して 主審を援助する —— 94

コツ No.40 攻守の違いを示すため あげる旗を左右で持ち替える —— 96

コツ No.41 タッチラインの外側を オフサイドラインに合わせて動く —— 98

コツ No.42 後ろから2人目と 同じラインに立って判断する —— 100

コツ No.43 オフサイドの場所を 旗の高さで主審に知らせる —— 102

コツ No.44 スローインのとき副審は 主審より近くで見て注意する —— 104

コツ No.45 ゴールキックのとき副審は 場所と選手の位置をチェック —— 106

コツ No.46 コーナーキックのときボールの 位置と壁までの距離を見る —— 108

コツ No.47 ペナルティーキックのときは GKの動きと得点をチェック —— 110

コツ No.48 主審から見えないファウルを 旗を使って主審に伝える —— 112

コツ No.49 旗を水平に持つことで 主審に交代の合図を送る —— 114

コツ No.50 第4の審判員の役割は記録全般と 選手たちのコントロール —— 116

チェックシート
審判員同士で互いにする評価と反省 —— 118

特集❷
フェアプレーの精神 サッカーの価値を高めてくれる —— 120

ジュニアサッカー 審判マニュアル コツ50と効くツボ早見表 —— 122

監修者の紹介 —— 126

試合を迎えるまでの心構えが大切

キックオフまでの準備

試合のジャッジをすることだけが、審判の仕事ではない。
依頼を受けてから当日のキックオフまでに、やるべきことはたくさんある。
円滑に業務を行うためにも、まずは下準備を怠らないようにする。

PART
1

コツ No.
01 1試合を走り抜く
走力とスタミナをつくる ——— 14

コツ No.
02 ルール、試合時間などは
前日までに入念に確認する ——— 16

コツ No.
03 審判員でミーティングをして
お互いの信頼を深める ——— 18

コツ No.
04 フィールド全体を見て
不備がないか確認する ——— 20

コツ No.
05 服装は選手と区別する
用具は役割を理解して使う ——— 22

コツ No.
06 選手の用具を確認して
チームの色分けを明確にする ——— 24

コツ No.
07 公正な試合をするために
審判と選手でフェアプレーを誓う ——— 26

01 ▶▶▶ コンディションづくり

1試合を走り抜く
走力とスタミナをつくる

 コレができる コンディションづくりや体調管理など、試合に臨む心構えが身につく。

**ランニング、ストレッチなどで
日頃から体調管理をする**

　主審の仕事は、ゲームをコントロールすることなので体力が必要になってくる。

　ルールで交代が認められている選手とは違って、基本的に主審は1試合を最後までやり抜かなければならない。

　そのためには、**日頃からの体調管理やコンディションづくりが重要**になってくる。スタミナづくりのためのランニングや、柔軟なストレッチなど、普段から**自分の体調管理**を怠らないように気をつける。

効くツボ
1. **ランニングで体力づくり**
2. **食事に注意する**
3. **時間は逆算して考える**

効くツボ 1

ランニングやダッシュで体力づくり

フィールドでは常に動いて、判定をしなければならない。冷静な判断を下すには、プレーする選手と同じように1試合をやり切る体力が必要になってくる。よって、日頃からランニングやダッシュなどを行い、20分ハーフ（40分）を走り切る体力づくりを心がける。

効くツボ 2

食事に注意して体調管理を心がける

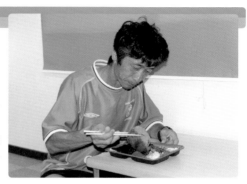

試合前の体調管理も重要だ。試合の前日はもちろんだが、数日前から試合日に向けて消化のいい食事（炭水化物系）を多く取るようにし、体調管理を心がける。日常生活に支障をきたすような食事制限は必要ないが、アルコール類の摂取は控える。

効くツボ 3

キックオフの時間から逆算して考える

自分が担当する試合開始時間から逆算して、計画的に行動する。審判が遅刻しては話にならない。食事と同じように、数日前から心身ともにフレッシュな状態で試合に臨めるよう、逆算して余裕のあるスケジュールを組むことが重要だ。

やってみよう

睡眠時間を十分に取る

1試合で使用する体力と精神力は相当なもの。日頃の体力づくりも重要だが、心身ともにリフレッシュした状態で試合に挑むためには、前日の睡眠時間を十分に取ること。

できないときはここをチェック ✓

仕事の都合などで前日の帰宅が夜遅くなってしまった場合でも、1時間でも多く睡眠時間を取る。できるだけ、体力低下を防ぐことが大事だ。

02 ▶▶▶ 前日までの確認
ルール、試合時間などは
前日までに入念に確認する

💡 コレが できる　**試合当日に向けて前日までに確認しておくべきことがわかる。**

大事な試合に向けて念入りに イメージトレーニング

　試合前日までに確認できることは多い。ビデオを見て、主審の動きや、ファウルの場面などをイメージしておくことも大事だ。また、担当する大会によって、試合時間、交代人数など、**細かなルールが変更する場合もあるので、前日までに入念に確認する。**

　基本的に、主審は試合で間違いを犯すことが許されない。特にゴールに係わるルールは勝敗を決める肝心な部分。大事な試合に挑む覚悟を持ち、確認しておく。

効くツボ
1. **試合のビデオを見る**
2. **大会規定を確認しておく**
3. **遅刻は絶対にしない**

効くツボ 1

試合のビデオを見て
イメージをつかむ

試合をイメージするために、海外や国内試合のビデオを見ることも重要。カテゴリーは違っても、ファウルになるプレーの基準などは勉強になる。また、自分がどんなポジショニングをするかなどを、先にビデオを見てイメージしておくことは実際の試合でも大いに役立つ。

効くツボ 2

その試合それぞれの
大会規定を確認しておく

試合前にサッカー競技規則を確認しておく。カテゴリーや大会規模によっては、その試合それぞれの大会規定がある。交代の人数や試合時間、給水時間の設定など、カテゴリーや大会によって違いがあるので、事前にしっかり確認しておくように。

効くツボ 3

遅刻をしないための
準備は入念に

遅刻は絶対に許されない。平常心で試合を行うためにも重要なことだ。公共機関を利用する場合でも試合会場までの所要時間は確認する。休日ともなれば道路の混雑も予想できる。そうしたことも事前に調べておき、時間には余裕を持って行動したい。

やってみよう
ビデオは同レベルのものを視聴

サッカーのビデオは、実際に審判を務める試合と同じ年代のものを見ると試合をイメージしやすい。選手の動きはもちろん、審判の動きなどもチェックして、試合当日に役立てる。

できないときはここをチェック

交通事情は意外に読めないところ。試合会場がかなり遠方の場合は、車ではなく電車を利用したほうが、時間が読めて安心だ。

03 ▶▶▶ 事前ミーティング
審判員でミーティングをして
お互いの信頼を深める

審判員同士の信頼が深まり、試合がスムーズに行える。

審判員のミーティングで
重要項目をチェック

　試合前には必ず**審判員で
ミーティング**を行う。ここ
で重要なのは、**審判員同士
の信頼を深める**ことだ。大
会によっては、全員初対面の
ときもある。そうした場合は、
まず握手をして、話をするな
ど、お互いの人間性を尊重す
ることから始める。

　また、試合に関しては、お
互いの情報を共有することも
重要な要素である。大会ごと
に規定があり、細かな変更点
や調整は、試合が始まる前に
ミーティングで確認しておく
こと。

効くツボ

1. **握手を交わす**
2. **情報を共有する**
3. **ファウルの基準を確認**

効くツボ 1

握手を交わして
信頼を深める

気持ちよく試合をするためには、副審、第4の審判員（大会規模によって不在の場合もある）との握手は欠かせない。これからゲームを迎えるにあたり、お互いによきパートナーとして信頼するためにも、ここで固い握手を交わしておくとよい。

効くツボ 2

情報を共有して
ゲームをコントロール

ミーティングでは審判員同士で情報の交換を行う。対戦するチームの傾向や選手の性格など、知っている情報を共有することで、ゲームの流れをうまくコントロールすることができる。また、ここで主審は、副審に援助してもらう内容、分担を確認しておく。

効くツボ 3

ファウルを取る基準を
確認する

ミーティングでは、登録選手や選手交代のときの役割も確認しておく。また、ファウルを取る基準、カードを出す基準など、審判員での大まかな基準を話して、共有しておくことも重要である。場合によっては、メモを取って試合に持っていく。

やってみよう

第4の審判員が不在の場合

大会によっては第4の審判員が不在の場合もある。そのときは、第4の審判員の役割を副審が兼務する場合もある。そうした約束事も、このミーティングで決めておくとよい。

できないときはここをチェック

審判の経験値も人によって差がある。判定にブレが出ないようにするには、誰がどの部分を優先して判断するか事前に決めておく。

04 ▶▶▶ フィールドの確認

フィールド全体を見て
不備がないか確認する

💡 **コレが
できる** 試合前にフィールド全体を確認することで、公平なゲームが行える。

フィールド上に全てが
配置されているか確認する

　試合を円滑に行うためには、しっかりとフィールド上に全てが配置されていなければならない。ラインやフィールド全体が曲がっている状態では、まともな試合は成立しないからだ。

　まず**フィールドの大きさやラインなど、全体を目で見て確認**をする。その上で、フィールド上に置かれているゴール、コーナーフラッグの位置や大きさを確認する。特にゴールやゴールネットは、得点に係わる重要な部分なので、一層注意する。

効くツボ
1. **フィールド全体の確認**
2. **ラインやフラッグの確認**
3. **ゴールの確認**

追加メモ
一般的なジュニアの 11 人制サッカーのフィールドの大きさは横 80m ×縦 50m、8 人制サッカーのフィールドは横 68m ×縦 50m を推奨している。

効くツボ 1

フィールド全体を確認する

試合前には必ずフィールド全体を見渡して確認をする。ゴールの位置、ペナルティーエリア、コーナーの位置などを全て確認する。全ての基本はセンターマーク。センターマークを中心にきちんとフィールドが描かれているか確認をしておく。

効くツボ 2

ラインやコーナーフラッグを手をかざして確認する

ラインが真っ直ぐに引かれているか、左右に曲がっていないかなどの確認をする。自分の手をライン上にかざして見るとわかりやすい。また、コーナーフラッグなどが決められた位置に刺さっているか、折れたり、壊れたりしていないかなども確認する。

効くツボ 3

ゴールの位置やネットの破れなどを確認

ゴールは得点に係わる場所なので、試合を行う上で最も重要になってくる。ゴールの位置はもちろんだが、ネットが破れていないかなどを入念に確認する。ネットの裾の部分がしっかり固定されているか、ボールがネットを越えて出てしまわないかどうかも確認する。

やってみよう
ゴールネットは入念に確認

ゴールネットは手で触って確認する。下の部分だけでなく、ゴールとの付け根、上、左右と全ての場所を手などで押して、固定されているか、破れていないか、強度はあるかを確認する。

できないときはここをチェック

基本的にフィールドの確認は 1 人ではできない。副審、第 4 の審判員と共同で確認を行い、そのあとお互いで報告しあって準備万全にする。

05 ▶▶▶ 服装と用具の確認

服装は選手と区別する
用具は役割を理解して使う

> 💡 **コレができる** 審判に必要な用具をそろえることで、円滑なジャッジが可能になる。

審判員の服装は選手との色の違いを明確にする

審判員の服装に関して、日本サッカー協会基本規程で定められているのは「服装等」だけ。

審判員の服装は、シャツ、ショーツおよびストッキングのいずれも黒色であることが多いが、他の色のものも着用できる。ただし、いずれの場合も、**選手の服装と明確に区別できる色で、かつ主審と副審の服装が統一されていること**が原則。レフェリーの発祥とされている英国紳士は黒いフロックコートを着ていたことから基本的には「黒で統一」とされている。

効くツボ
1. **カードと旗は重要アイテム**
2. **時計は用途別に2つ用意**
3. **プラスαの道具で便利に**

効くツボ 1

カードと旗は審判の重要アイテム

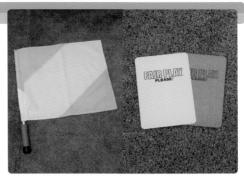

レッドカード、イエローカードは、選手のファウルを特定し、試合が円滑に行われるよう、抑止するため必要な道具として導入された。副審が持つ旗も、周囲に、今どの反則があったかと、ボールがフィールドを出たことを瞬時にわかるようにするために必要な道具だ。

効くツボ 2

時計は用途に合わせて、2つ用意。笛は自由に

時計は試合時間を計るための道具。ストップウォッチ機能付きのもので、全体の試合時間用と、アディショナルタイム用の2つを用意して使用する。笛はプレーを止めるときに吹いて知らせる役目がある。笛を吹くときは、音の大きさや長さ、強弱で調整する。

効くツボ 3

あると便利なプラカードや空気圧計

試合の登録選手を記入するための用紙や、交代のプラカード、ボールの空気圧を測るゲージなど、これらの用具はあればより便利になる。記入用紙や交代用紙などは、規則では決まっていない。そのため、使いやすいように自分で手作りしてよい。

やってみよう

もしものために2セット用意

全ての用具は2セットあると便利。不慮の事故で、道具が試合の途中に壊れたり、時計の電池が切れたりする可能性があるからだ。予備の用具を1セット必ず用意しておくことをおすすめする。

できないときはここをチェック

最近の時計には1つで2役をこなす時計も販売されている。そうした時計を使う場合でも必ず2つの時計を持つようにする。

選手の用具を確認して
チームの色分けを明確にする

> **コレが できる** 担当する試合を、最後までスムーズに行うための準備ができる。

安全な試合を行うために、用具の確認をする

　選手の用具を確認するのには2つの意味がある。

　1つは審判員が対戦する2つのチームをしっかり区別できるようにするためだ。色分けをすることで、ファウルの確認やゴールなど、**チームを明確にして試合をスムーズに行うため**、試合前にその確認をする。

　もう1つは、選手の安全を守るため。認められていない用具や壊れた用具は競技中に自分や、他の選手を傷つけてしまう危険性がある。そのため、そのような用具は認められない。

効くツボ
1. ユニフォームは色を分ける
2. すねあての着用を確認
3. ミサンガなど装身具は NG

追加メモ
ソックス止めの色はソックスと同色、アンダーショーツの色も、ショーツの主たる色、またはショーツの裾の部分と同じ色に合わせる。ヘッドカバーは、黒色またはシャツの主たる色と同じでなければならない。

効くツボ 1

ユニフォームの色分けを
明確にする

対 戦する2チームが違うチームであると判別しやすくすることが重要だ。そのために、2チームのユニフォームは区別できるような色を大会側から指示される。また、寒さ対策としてアンダーショーツを利用する場合は、ショーツの色も同じように合わせる。

効くツボ 2

すねあてが入っているか
確認する

選 手たちの足のケガを防止するために、すねあての着用は義務付けられている。ストッキングの下に装着しているか、またストッキングからはみ出ていないかなどを確認する。身体の大きさが違っても、しっかりケガを防止できる大きさなら問題ない。

効くツボ 3

ネックレス、ミサンガ
などの装身具は外す

ネ ックレスやミサンガ、大人の大会の場合は指輪やイヤリングなど、装身具は材質に係わらず、すべての着用が許されていない。他の選手だけでなく、自分自身が傷つく危険もあるからだ。試合前に必ず確認し、着用している場合は外させる。

やってみよう
基本的には触って確認しない

スパイクやユニフォームの破損など、手で触っての確認はしない。サッカーのできる靴かどうかの判断、用具の破損やケガの恐れがないかの判断は、基本的には目視のみで行う。

できないときはここをチェック

どうしても2チームのユニフォームが同じ系統の色になってしまう場合は、色違いのビブスなどを利用して区別できるようにする。

07 ▶▶▶ 入場・整列・コイントス

公正な試合をするために
審判と選手でフェアプレーを誓う

> 🔔 コレが できる　相手をリスペクトする精神を持って、試合をするための準備ができる。

スポーツマンとして、フェアプレーの精神を誓う

サッカーは「ルールが単純」であるため、なによりもしっかりとした秩序が必要になる。スポーツマンシップに乗っ取り、よい試合をするためには相手をリスペクトすることが必要だ。

それは、選手同士だけでなく、審判員と選手も同じ。そのために試合前に整列し、お互いのチーム同士、審判員とで握手を交わす。こうしたセレモニーを行うことで、試合でのフェアプレーを誓うことになる。

効くツボ
1. 選手を呼びに行く
2. 入場して整列
3. コイントスの勝敗を決める

効くツボ 1

試合前に両チームの選手を呼びにいく

　合開始時間が迫って来ても、チームによっては試合前のミーティングなどを行っている場合がある。その場合は、審判員が速やかに呼びに行く。他のチームに迷惑をかけないよう、すみやかな進行、試合開始時間のルールを守らせるのも審判の役目だ

効くツボ 2

入場が済んで整列をしたら、挨拶と握手

　ィールドに入場したら、整列をして観戦や応援をしに来ている人に向かって、これから試合が始まるという挨拶をする。その後は、全員で握手を交わし、この試合でのフェアプレーを誓い、相手をリスペクトするという気持ちを高める。

効くツボ 3

コイントスによって前半に攻めるゴールか、キックオフを選ぶことができる

　イントスに勝ったチームが前半に攻めるゴールか、キックオフを選ぶことができ、この結果により、相手チームがキックオフ、または前半に攻めるゴールを決める。コイントスのときに、表が出たらどちら側のチームが勝ちか負けかというのを決めるのは主審の役目だ。

やってみよう

コイントスの勝敗は主審主動で

コイントスのときは、表と裏でどちらが勝ちというのは特に決まっていない。なので、予め主審が「表は A チーム、裏は B チーム」とキャプテンに告げてからコイントスをする。

できないときはここをチェック

大きな大会で試合がつまっている場合は、時間通りに進行できない場合もある。その場合でも慌てずに、両チームに連絡を入れておくとよい。

8人制サッカーの競技規則

人数

競技者はゴールキーパーを含めた8人。一方のチームが6人に満たない場合は試合を開催しない。8人未満の場合は、両チームの合意があれば極力同数で試合を行うことができる。

試合に出場できる人数は交代要員を含めた計16人。両チームの合意があれば、交代要員の数を変更できる。

プレー中、審判の承認がなくても交代ゾーンからフィールド競技者は交代ができる。ゴールキーパーはアウトオブプレーになった時に、審判の許可を得たあと境界線の最も近い地点から退く。また、代わりに入るゴールキーパーは、ハーフウェーラインのところから入る。

用具

両チーム異なる彩色のシャツを着用し、すね当ても着用すること。眼鏡は審判が安全と判断した物を着用できる。

試合時間

前半、後半それぞれ15～20分間を基準として、ハーフタイムのインターバルは10分を超えないこと。

前半	ハーフタイム	後半
	エンド交代	

ピリオド制の場合

3ピリオド目の中間点で両チームの攻めるエンドを替えること。

1ピリオド	インターバル	2ピリオド	インターバル	3ピリオド
	エンド交代		エンド交代	中間でエンド交代

プレーの開始と再開

キックオフからゴールに入った場合に、ゴールされた方のチームにゴールキックが与えられる。

主審のジャッジがサッカーをよりおもしろくする
主審の役割

試合において一切の権限を持つ主審は、円滑なゲームコントロールを行う義務がある。
プレーヤーの意図を見極め、正しい判定を下し、
誰もが納得するスムーズなゲームコントロールを常に追求するように心がけたい。

PART 2

コツ No. 08　競技のスムーズな進行のために
リーダー意識を常に持つ ── 30

コツ No. 09　フィールド上を対角線に
走り多角的にプレーを見る ── 32

コツ No. 10　キックオフを行う選手を除いて、すべての選手が
自陣に入っていることを確認する ── 34

コツ No. 11　ファウルの程度には3種類あるので
しっかり見極める ── 36

コツ No. 12　手を使ったファウルは
選手の意図と状況で判断する ── 38

コツ No. 13　ファウルが意図的か
そうでないのかを見極める ── 40

コツ No. 14　選手の安全を守るためケガの
恐れのあるファウルを覚えておく ── 42

コツ No. 15　ボールと壁の位置と距離
を確認して、注意を促す ── 44

コツ No. 16　間接FKの再開方法で
特別な事例を覚える ── 46

コツ No. 17　警告になる行為は8つ
選手の意図を読み判定する ── 48

コツ No. 18　警告になりそうな選手は
事前に注意して状況を見極める ── 50

コツ No. 19　著しく不正なプレーには
レッドカードを直ちに出す ── 52

コツ No. 20　得点直前の妨害にも厳しい
判断でレッドカードを示す ── 54

コツ No. 21　規定の位置につくまで
PKの合図をしない ── 56

コツ No. 22　勝利チームを決める
PKでは、人数や順番、場所を確認 ── 58

コツ No. 23　負傷者が出た場合はケースに
合った的確な対応をする ── 60

コツ No. 24　アドバンテージを見て
すぐにプレーを止めない ── 62

コツ No. 25　オフサイドはボールと
選手をよく見て判断する ── 64

コツ No. 26　プレーを妨害する
オフサイドを見極める ── 66

コツ No. 27　守備側の選手に不利益なら
オフサイドの反則を取る ── 68

コツ No. 28　攻撃側が利益を得たときの
オフサイドを見極める ── 70

コツ No. 29　オフサイドにならない
特殊な事例を頭に入れて備える ── 72

コツ No. 30　ドロップボールは腰の高さ
他の選手は4m以上ボールから離れる ── 74

コツ No. 31　ボールがラインを完全に割るまでは
インプレー ── 76

コツ No. 32　スローインのフォームや
投げ入れる場所に注意 ── 78

コツ No. 33　ゴールキックのとき
遅延行為などの反則に注意 ── 80

コツ No. 34　コーナーキックでは
ボールと選手の位置を確認する ── 82

コツ No. 35　得点の判断は
ボールの全体が越えたら得点 ── 84

コツ No. 36　選手交代は決められた
条件を頭に入れてスムーズに行う ── 86

コツ No. 37　アディショナルタイムの時間は
主審の裁量で決める ── 88

コツ No. 38　終了後は選手同士で
健闘をたたえ合うことを徹底 ── 90

競技のスムーズな進行のために
リーダー意識を常に持つ

 リーダーとしての威厳を持ち、試合をコントロールできる。

安全でスムーズな試合が、
選手の能力を引き出す

　主審の任務は、競技規則に従って試合を円滑に進行させ、選手が安全にプレーできるように**試合をコントロールする**ことだ。

　競技規則は、選手が持っている技術、能力を発揮でき、円滑に競技を行えるような意図でつくられている。

　そのためにも、リーダーである主審は他の審判員と協力し、選手のプレーの意図を見極める必要がある。**その試合の進行を司る任務がある**ということを意識しなくてはならない。

 効くツボ
1. **ゲームをコントロール**
2. **他の審判員と協力する**
3. **報告書を制作し次に活かす**

効くツボ 1

厳格な態度を取って、ゲームをコントロールする

きちんとゲームをコントロールするためには、選手に対しても厳格な態度で挑むことが必要だ。場合によっては、プレーが止まったときに、その選手に対し注意をする必要がある。そうすることで、ゲームを安全に、スムーズに進めることができる。

効くツボ 2

他の審判員と協力して、試合をコントロールする

審判員同士が情報の交換を行うことで、ゲームの流れをうまくコントロールすることができる。主審は自分の目が届かないところでのプレーなど、難しい判断を求められる場合もある。その時は、副審や第4の審判員に協力を求めることができる。

効くツボ 3

試合の報告書を提出して、主審としての任務は終わる

試合が終わったら、試合記録をつける。これが終わって、初めて主審としての任務が終わる。公式の大会でないときは、協会に報告書を提出する義務が無いことが多い。しかし、主審を務めた試合を記録し振り返ることで、次の試合に活かされる。

Let's やってみよう
選手とのコミュニケーションも大切

プレー中だけでなく、立ち振る舞い、言動も主審として問われることがある。フィールドに入る前や、挨拶の段階から毅然とした態度と共に選手とのコミュニケーションも大切である。

できないときはここをチェック ✓

感情的になり、相手に対するファウルが乱発する前に、試合の温度を感じて早いタイミングで選手とコミュニケーションをとる。

09 ▶▶▶ 主審のポジションと動き方
フィールド上を対角線に
走り多角的にプレーを見る

コレができる 対角線式審判法の動きを使って、ピッチを広く見ることができる。

選手とボールを主審と副審で挟む

効くツボ1の図にあるように、主審は A − B 間を**対角線に幅広く走ることで、副審と違った角度からプレーを見る**ことが大きな狙い。

しかし、常に対角線に動くのではなく、選手とボールを副審と挟んで見るようなポジショニングをすることが重要だ。これによって、主審からは見えないファウルなど複数の目で見ることができ、**死角を減らす**効果がある。

自分の右肩ごしに副審を見るようにすると、意識しやすくなる。

効くツボ
1. **基本は対角線で動く**
2. **ボールは副審と挟んだ位置**
3. **リスタート時も同じ位置で**

効くツボ 1

対角線の動きでフィールドを面で見ることができる

対角線の動きをすることで、自分と2人の副審で広いフィールドを協力して見ることができる。ただし、この動きをしながらも基本はボールに近い位置でプレーを見ることが大事だ。そのため、図のようなゾーンの中でジグザグに動くことも必要だ。

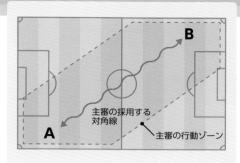

主審の採用する対角線

主審の行動ゾーン

効くツボ 2

副審と協力して、ボールと選手を挟んで見る

ボールと選手を主審（自分）と副審で挟むように見る。これによって、どちらかの側は必ずボールが見えるようになり、選手同士のファウルなど死角を無くすことができる。しかし、副審がボールよりも遠い逆サイドにいるならば、自分が近い位置を取る。

効くツボ 3

リスタート時のポジショニングも基本は同じ

リスタートなどの場合も、ポジショニングは基本的に同じ。対角線上で動き、副審とボールと選手を挟んで見ることになる。ただし、この場合は予め決まっている役割、ボールの位置、人の位置、壁の位置を確認しなければいけない。

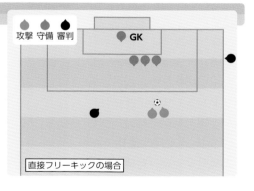

攻撃 守備 審判　　GK

直接フリーキックの場合

やってみよう

自分が走る方向を意識

試合の流れをつかむまでは対角線の動きばかり意識せず、ボールの近くのポジショニングを意識。そのあと、ボールと選手と副審が常に自分が走っている方向の右側に来るように意識する。

できないときはここをチェック ☑

いきなりフィールド全体を見られるように動くことは難しい。試合の流れがつかめるまでは、副審とボールを挟む動きを徹底し、死角を減らす。

10 ▶▶▶ キックオフ

キックオフを行う選手を除いて、すべての選手が自陣に入っていることを確認する

> **!コレができる** キックオフの注意事項がわかり、スムーズに試合を始められる。

キックオフは、プレーの開始または再開のときの方法

キックオフは、プレーの開始または再開のときの方法。そのため、通常は、試合開始、得点のあと、後半の試合開始、延長戦が行われる場合の前後半の開始時と、この4種類のパターンがある。

キックオフ時にはボールがセンターマーク上で静止した状態で、**キッカーを除いて**すべての選手が自分の陣地に入っていなければならない。また、相手選手がボールから9・15m（8人制では7m）以上離れていなければならないなど、**ルールが厳密に設定されている。**

効くツボ
1. **選手の距離を確認**
2. **攻撃側の戻りを確認**
3. **全員に見せるシグナル**

効くツボ 1

選手が決められた
距離を保っているか確認する

キックオフ時には、センターサークルの隣に立つ。それから選手が決められた距離を保っているかを確認して笛を吹く。笛を吹いた後に、ボールが蹴られて明らかに動くよりも早くハーフウェーラインを越えている選手がいないかを確認する。

効くツボ 2

攻撃側が戻っていないか
どうかを確認する

ゴール後のキックオフは基本的には試合開始のキックオフと同じ。しかし、この場合は攻撃側の選手が喜んでいるなど、自陣に戻って来ていない場面がよくみられる。そのため、ボールをセットしたら、選手が自陣にしっかり戻っているかを確認してから、笛を吹く。

効くツボ 3

選手、副審、第4の審判員に
わかるようにシグナルする

笛と同時に手をあげキックオフの合図をする。そのとき、手は攻める方向を指す。フィールド上にいる選手だけでなく、副審、第4の審判員にもわかるようにすることがポイント。このとき、同時に副審のポジションを確認しておくことも必要だ。

Let's やってみよう

キックオフの前にもう一度確認

どちらかのチームにゴールが決まり再びキックオフをする場合、本当にそのゴールが認められたのか自分の判断だけでなく、副審とアイコンタクトで確認をする。

できないときはここをチェック ☑

得点後、選手が所定の位置に戻らず、きちんとキックオフができない場合は、すべての選手が元の位置に戻るまで、キックオフの合図をしない。

コツ No.**11** ▶▶▶ ファウル

ファウルの程度には3種類あるのでしっかり見極める

> **!** コレができる ファウルの程度を見極めることで懲戒罰の種類が判断できる。

3種類のファウルの程度は、選手の意図をしっかり見極めて判断を下す

ファウルの程度には、「**不用意に**」「**無謀に**」「**過剰な力による**」の3種類がある。

子どもの試合では、体格に差があることも多いので、ファウルがあった時にどの程度だったのかを見極めることが重要。特に、体格の大きな子どもと、小さな子どもの接触は判断が難しいので、試合状況を考えて、判断を下す必要がある。

威厳を持って判断するためにも、**ファウルの程度、基準を記憶しておくこと**。

効くツボ
1. **結果的に足をかけたか判断**
2. **ケガの危険性を判断**
3. **ケガをさせる意識を判断**

効くツボ 1

結果的に足をかけてしまったか
どうかを判断する

ボールを取りに行く気持ちは十分理解できるが、思わず相手の足を蹴ってしまうと配慮を欠いたファウルになる。小学生の大会では技術レベルに差があるので、相手が予想以上にうまくて、結果的に足をかけてしまうときがある。不用意にファウルを犯した時は直接FKのみ。

効くツボ 2

ケガをさせる危険性のある
プレーかどうか判断する

負けているチームの子どもは、ゴールを焦るあまり熱くなりすぎて、届かない相手に対しても無理をしてボールを奪いに行く場合がある。そのとき、相手にケガをさせる危険性のあるプレーなのか判断し、無謀にファウルを犯した時はイエローカードを提示する。

効くツボ 3

ケガをさせようという
意識があるか判断する

技術の成長過程にある子どもの試合では、実力の差がハッキリと出る場合が多い。そのとき、子どもは勝ちたいという気持ちだけでなく、ボールを持っている相手に対してケガをさせようという意識のときがある。過剰な力によるファウルを犯した時はレッドカードを提示する。

Let's やってみよう

ファウルの意図、接触の部位、強さで判断

不用意か、無謀か、過剰な力かは状況を見て選手の意図を読み、接触の強さと接触の部位（足裏等）でファウルの程度を判断する。

できないときはここをチェック ☑

ファウルの程度の判断は瞬時に決定しなければならないので**警告や退場の基準を事前にイメージトレーニングしておくとよい。**

37

12 ▶▶▶ よくあるシーン①

手を使ったファウルは
選手の意図と状況で判断する

💡 **コレが できる** プレー中の手を使ったファウルに対して、判断基準がわかる。

**その後のプレーを続けられるか
どうかで判断することもできる**

　サッカーには、足だけでは
なく、手を使ったファウルも
多い。手に関連するファウル
は、**意図の有無と、状況に
分かれる。**子ども同士では
短絡的に手が出てしまうシー
ンがよく見られるが、ファウ
ルかどうかの判断はそのとき
による。

　ファウルがあっても、その
後、プレーを続けられるかど
うかを見てから判断しても遅
くない。少しの間プレーを流
して見てからでも十分に間に
合う。

効くツボ
1. 相手を押さえる
2. 状況をしっかり見極めて判断
3. 手やヒジでプレーを妨げる

効くツボ 1

手を使い相手を
押さえ込むとファウル

ボールを持った選手に対し、意図的にホールディングして動きを奪うシーンが目立つ。相手のプレーを阻止しようと手を使って押さえてしまえばファウル。しかし、小学校世代では割と手の方が自由に動くため、こうしたファウルが多いことを覚えておく。

効くツボ 2

意図がなくてもハンドリングの
ファウルになることがある

意図的に手でボールに触れればファウル。また、意図がなくても、手や腕で体を不自然に大きくしてボールに触れたり、またはボールが自分の手や腕に触れた直後にゴールに入ったときにはファウルになるので状況をしっかり見極めて判断す。

効くツボ 3

プレーとは関係なく、
相手を押す

ボールキープのうまい選手などに対し、手やヒジを使い相手を押してプレーを妨げる行為はファウルになる。ボールを見ているかどうかというのが大きな判断材料。また、ボールのないシーンでもせりあいのなかで相手を押すことがあるので注意が必要だ。

やってみよう
手の動きと意図を見る

手を使ったファウルは、意図的なことが多い。ファウルを見つけた場合、その選手が意図的に手を使ったのか、そうでないかをまず考えると、うまく判断できる。

できないときはここをチェック

手を使ったプレーが意図的かどうかうまく判断できない場合は、そのファウルをしたことで、どちらのチームが有利になるかを考えて判定を下す。

ファウルが意図的か そうでないのかを見極める

> 💡 **コレが できる** ボールに向かったプレーでのファウルについて、**判断基準がわかる。**

的確な角度からプレーを見て 死角をつくらない

　ファウルのほとんどは不用意なプレーや、無謀な形でボールに対して向かっていった場合に起きることが多い。特に、小学校世代では技術や経験の問題で、判断のスピードにも差が出てくる。そうしたことを加味して、ファウルの判定を下さなければならない。

　ファウルが意図的であるのか、そうではないかを見極めてから判定する。誤審をなくすには**的確な角度からプレーを見て、死角をつくらないことが必要だ。**

 効くツボ
1. **相手に乗っかる**
2. **正当なチャージの判断**
3. **足に当たってしまった場合**

効くツボ 1

せりあいのとき、相手に乗っかる

大きな選手を相手にした場合、小さな子がせりあいで勝つことは難しい。しかし、ボールの位置とは関係なく、相手より優位に立つために覆い被さるように乗っかることがある。そうした関係もしっかり頭に入れて、ファウルの判断を下す。

効くツボ 2

正当なチャージングとファウルとなるチャージング

チャージングの判断はかなり難しい。子ども同士だと、背の高さや体格の良さなどで有利不利が出て反則に見える場合もある。しっかり身体を当てにいっている、腕や手を使わない正当なチャージかどうかをしっかり見届けて判断する。

効くツボ 3

先に相手の足に当たってしまった場合はファウル

ボールに向かったが、予想以上に相手のコントロールがうまく、ボールではなく足にあたってしまった場合はファウル。しかし、その場合は自分の足が先にボールにあたり、相手の動きによって接触がおきたのであればファウルではない。前、横、後、どの方向からボールに向かっているかも判断する上で大切。

やってみよう
近くでプレーを見て判断する

正確な判断を下すためには、ボールの近くで死角がないようにすること。ファウルした選手の足のあげ具合や、どれだけ足を振っているかなどがよく見える。

できないときはここをチェック

角度によって、ボールに当たっているかどうかの判断が難しい場合は、副審に確認。あいまいな判断を下さず、しっかり二重の確認をしてからジャッジする。

14 ▶▶▶ よくあるシーン③
選手の安全を守るためケガの恐れのあるファウルを覚えておく

> 💡 **コレができる** 過剰な力によるファウルを知ることで、選手の安全を守ることができる。

試合がヒートアップしたときほど、過剰な力によるファウルが多くなる

　ボールに向かったつもりが、結果的に**ケガの恐れのあるファウルになってしまった場合は非常に危険**だ。そうした場面を予め覚えておくことで、試合を円滑に進められる。

　小学生の大会などでは、試合がヒートアップするとファウルが多くなる。選手同士のプレーが加熱しすぎてしまうと、試合そのものが壊れてしまう。ケガの恐れのあるファウルがどういうものか知っておくことで、円滑なゲームを行うことができる。

効くツボ
1. 相手を殴る
2. スライディングタックル
3. タックルは足の位置で判断

効くツボ 1

プレーの中で
相手を殴る

ボールを奪い合うシーンでは、お互いについ熱くなって相手を殴ってしまうことがある。意図的に相手をケガさせようとしたプレーならば、これは退場に値する。しかし、ポジション取りの最中に意図せずに手があたってしまったときは、退場にはならない。

効くツボ 2

スライディングタックルしたとき足が
ボールよりも高ければファウル

ボールに向かったつもりが相手の足を引っかけてしまった場合と、初めから相手の足を引っかけるつもりだった場合がある。最近の小学生は、ボールを取りにいったフリをしている場合もあるが、足がボールよりも高くあがっていればファウルと判断する。

効くツボ 3

足がボールにいっているか
相手の足にいっているか

ボールに向かってタックルをしたが、思ったよりもスピードがあり相手の足を蹴ってしまった。身体の発育が大きく違う小学生同士での試合ではかなり多く見られる場面だ。判定の基準となるのは、足がボールにいっているか、相手の足にいっているかだ。

やってみよう
荒れる前にコントロール

本来は、ケガの恐れのあるファウルが出てくる前に試合をコントロールすることが重要。選手がケガを負ってしまう前に、早めにコントロールするよう心がける。

できないときはここをチェック

ケガの恐れのあるファウルが多くて、うまく試合をコントロールできないときは、一旦プレーを止めて危険なプレーをした選手を注意する。

15 ▶▶▶ 直接フリーキック

ボールと壁の位置と距離を
確認して、注意を促す

> **！ コレが できる** 直接 FK のときに注視しなくてはいけないことがよくわかる。

同じ直接FKでも
蹴る場所によって意味が違う

直接 FK が相手ゴールに入った場合は得点となる。このことを踏まえた上で注視したいのは、得点するゴールまでの距離。小学生の大会でも、大人の大会でも同じだが、現代サッカーでは「セットプレー」は得点のための大きな武器となっている。

そのため、攻撃する側、ゴールを守る側両方にとって直接 FK は重要なプレーの１つ。ゴールまでの距離、ボールを置く位置など、**ルールが守られているか確認をすることが必要だ。**

効くツボ
1. **ゴール前での位置と距離**
2. **蹴る側のボール位置**
3. **攻める方向に手をあげる**

追加メモ
3 人以上の守備側選手が作る壁から攻撃側選手が 1m 以上離れていない場合、間接 FK となる。

効くツボ 1

ゴール前では壁の位置と距離に注意

小学生の大会でも、セットプレーからの得点機会は大人と比べても遜色ない武器となっている。それだけに、特にゴール前での直接FKを行う場合は、ボールと壁の位置、距離（9.15m、8人制では7m）はしっかり確認する。3人以上の壁ができた場合、FWは1m以内に近づけない。

効くツボ 2

蹴る側のボールの位置にも注意

守る側も必死なら、攻める側も得点をしようと必死。ボールを前に動かし、少しでも有利な状況を作ろうとする。大人のサッカーを見ている子どもは、しっかり真似をしている。子どもだからといって油断せずにボールを置く位置にも注意が必要だ。

効くツボ 3

笛を吹いて攻める方向に手をあげる

基本的には、直接FKが与えられるファウルがあったとき、笛を吹いて攻める方向に手をあげ直接FKであることを宣言。ボールや壁の位置を確認した場合は、2回目の笛でプレー再開となる。基本的には攻撃側がプレー再開の主導権を持つ。

👉やってみよう

壁までの距離は自分の足で

ボールから壁までの距離は、競技規則で決まっている。試合中はメジャーで測ることなどできないので、自分の足で何歩が9.15m（8人制では7m）かを事前に確認して試合でも目安にする。

できないときはここをチェック

うまく壁の位置を決められないときは、しっかり自ら歩数で数えて選手に示す。自分が規定の位置までの距離を取るときに壁も一緒にさげる。

16 ▶▶▶ 間接フリーキック

間接FKの再開方法で
特別な事例を覚える

 **コレが
できる** 間接FKの基本と珍しい場面での間接FKの対応方法がわかる。

間接フリーキックの場合
誰かが触らないとゴールは無効

原則として間接 FK の場合は、インプレーになってから、選手の誰かが触らないとゴールに入っても得点にならない。

ペナルティーエリア内で間接 FK が与えられた場合。**攻撃の場合と守備の場合共にボールがけられて明らかに動いたときにインプレーとなる。**

直接 FK と同じように、重要なプレーになるので、壁までの距離、ボールを置く位置など、しっかり確認をすることが必要だ。

 効くツボ
1. 壁をゴールライン上に
2. ボールが外に出たら再開
3. 片手を大きく頭上にあげる

効くツボ 1

壁をゴールライン上につくる
特別な処置を取る

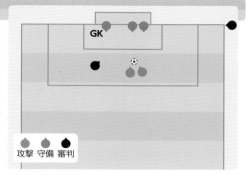

バックパスをGKがキャッチした場合、守備側のファウルとなり間接FKが与えられる。これがゴールエリア内のときは、ゴールラインが近く、ボールと壁との距離が9.15m（8人制では7m）取れないため、「壁をゴールライン上につくることができる」特別な処置が取られる。

攻撃　守備　審判

効くツボ 2

ボールが蹴られて明らかに
動いた時にインプレーになる

守備側が自陣ペナルティーエリア内でファウルを受け間接FKを得たとき、ボールを置く位置はゴールエリア内なら自由にできる。ボールが蹴られて明らかに動けばペナルティーエリアから出なくてもインプレーとなる。

効くツボ 3

間接FKのシグナルは
片手を大きく頭上にあげる

主審は片手を大きく頭上にあげて、間接FKであることを示す。ボールを蹴って始まり、ボールが他の選手に触れるか、ラインを割る、または直接得点することができないと明らかになるまではその手はおろすことができない。

やってみよう
手をさげるタイミングを知る

間接FKのとき主審は手を上にあげているが、他の選手にボールが触れるとさげることができる。それ以外の場合では、ボールがフィールドの外に直接出たり、直接得点できないことが明らかになればさげることができる。

できないときはここをチェック ☑

守備側の間接FKが、インプレーとなり自陣のゴールに入ってしまった場合はゴールとならない。ゴールラインを割ったときと同じで、攻撃側のCKから再開する。

17 ▶▶▶ 警告①

警告になる行為は8つ
選手の意図を読み判定する

💡 **コレが できる** 警告の対象になる行為が理解できる。

**小学生ならではのファウルを
しっかり覚える**

　小学生の試合では頻繁にお
こるファウルだが、警告の対
象になる行為は8つある。そ
の8つとは、**反スポーツ的行
為、異議、繰り返しのファウ
ル、プレーの再開を遅らせる、
距離不足、主審の許可なく
フィールドに出入りする、レ
フェリーレビューエリアに
入る、TV シグナルを過度に
示す**ことに分類される。これ
らの行為が警告の対象になる。

　しかし、選手の意図が読め
なければ判定は下せないので、
主審は、子どもたちのプレー
の意図をしっかり判断するこ
とが必要だ。

効くツボ
1. **マーク、フリは警告**
2. **試合の再開を遅らせる**
3. **ジャッジに対する異議**

効くツボ 1

フィールドへのマークや
フリして騙すのは警告

小 学生の試合などでは、GK がゴールの位置を判断するために、フィールドにマークを付けることがある。これは反スポーツ的行為。また、負傷やファウルをされたフリをして、主審を騙そうとすることも同じように反スポーツ的行為（シミュレーション）となる。

効くツボ 2

意図的に試合の再開を遅らせる
行為は遅延行為とみなす

小 学生の試合といえども、勝負の世界。試合に勝つために、子どもが必死な行動に出ることもある。リスタートのときに相手がボールを蹴れないよう、意図的に相手ボールの前に立つなど、明らかに試合の再開を遅らせるような行為は、遅延行為とみなされる。

効くツボ 3

審判員に対して言葉や
行動により異議を示せば警告

精 神的に大人になりきれていない小学生の場合、ジャッジに対してあからさまに不満を表す場面も見られる。この場合、直接言葉で異議を言う場合もあるが、ボールを投げつけるなどの態度で示す場合もある。これらはすべて主審への異議とみなす。

☞やってみよう

繰り返しのファウルも多い

1 人の選手がファウルを繰り返すことも警告の対象となる。ファウルが多いと思ったら口頭で注意をしてみよう。

できないときはここをチェック ✓

そのプレーが警告にあたると判断しても、どの選手かしっかり確認できないとイエローカードは提示できないので、しっかり背番号の確認をする。

コツ No. 18 ▶▶▶ 警告②

警告になりそうな選手は事前に注意して状況を見極める

 コレができる 状況を見極め気づきを持つことにより、ゲームをコントロールできる。

イエローカードの基準は一貫性が大切

　一貫性のあるイエローカードの基準がゲームコントロールには必要だ。しかし、試合の温度を感じてイエローカード出すことによってゲームが余計に荒れると判断したら、そのときは**試合の状況をよく読んで、気づきを持ってゲームコントロールをする。**

　ゲームが荒れないために、イエローカードの対象となりそうな選手には、事前に口頭で注意を促すなど、そうした判断も主審のゲームコントロール術の1つだ。

 効くツボ
1. **しっかり状況を見極める**
2. **イエローカードの基準**
3. **カードは高くあげ示す**

50

効くツボ 1

遅延行為かどうかなどを
見極めて警告をする

ど んな年代でも試合に勝ちたいのは同じ。小学生はプロの真似をして時間を稼ぐプレーなどを覚える。GKがキックに時間をかけることも、いまや小学生は当たり前にやっている。しかし、これも立派な遅延行為にあたるので、警告の対象だ。

効くツボ 2

一貫性のある
イエローカードの基準

本 来ならば、イエローカードの提示などしないでゲームをコントロールしたい。しかし、小学校世代では勝負に熱中し、プレーが過熱してしまうときがあるので、安心してプレーができるように、一貫性のあるイエローカードの基準でゲームをコントロールする。

効くツボ 3

イエローカード提示のときは
選手にわかるように高くあげる

イ エローカードを提示するときは、なるべく提示する選手の正面に立ち、本人にも、他の選手にもわかるように高くあげ示す。そのときに、選手の背番号を確認して、時間や反則の内容などを記録用紙（カードの裏など）に記録しておく。

Let's ☞やってみよう
イエローカードを提示する

イエローカードを提示するとき、ポケットから取り出す。その場合、ショーツの前のポケットか、右後ろに入れておくとポージングまでの動作がスムーズに行える。

できないときはここをチェック ✔

警告対象者が倒れているときや、ケガの治療中にはイエローカードの提示はできないが、立ち上がったあとに、他の選手にもわかるように示す。

19 ▶▶▶ 退場①

著しく不正なプレーには
レッドカードを直ちに出す

> 💡 **コレが できる** 重大な反則には、レッドカードを使ってゲームをコントロールできる。

ボールを狙う意図のない
危険なプレーは許されない

　小学生の試合でも、ボールを狙う意図がほとんどない、後方からの**危険なタックルなどは絶対に許されない**。安全にプレーさせるため、ケガから選手を守る意味でも、そうした行為には**直ちにレッドカードを示す**。しかし、ボールの奪い合いに関して、フェアな態度で行われている限りは、警告や退場の対象にならない。

　また、乱暴な行為、下品な行為、ツバを吐くような行為も退場の対象となる。

効くツボ
1. ボールと関係ない場面
2. 乱暴な行為
3. レッドカードは即座に示す

効くツボ 1

ボールと関係ない場面での
タックルなどは不正になる

気持ちを押さえられずカッと熱くなると、不正なプレーとわかっていても突発的にやってしまうのが子ども。特に、ボールと関係のないところで足を狙ったタックルなど、そうした大けがを負わせるような危険なプレーに対しては、主審は直ちにレッドカードを示す。

効くツボ 2

選手同士の乱暴な行為には
直ちにレッドカードを

子どもたちは、ちょっとしたファウルやいざこざが選手同士の喧嘩に発展する。こうした、ボールを奪い合うためではなく、プレーとは全く関係のないところでの乱暴な行為もレッドカードの対象。選手同士の喧嘩は、同じチーム同士であっても同じだ。

効くツボ 3

イエローカード 2 枚目の時は
そのあとに即座に示す

レッドカードの提示は、1発目でのカードならば、イエローカードのときと同じやり方で示す。イエローカードが2枚で、合わせてレッドカードとなる場合は、まずイエローカードを出して示し、即座にレッドカードを示す。

やってみよう
レッドカードを素早く出すには

レッドカードを素早く提示するには、イエローカードとは違った場所に保管しておくとよい。特にどのポケットに入れておくかの決まりはないが続けてカードを出す練習をしておこう。

できないときはここをチェック ☑

判断が難しいのは下品な行為。最近では、相手をけなすような発言も退場の対象になっているので、選手の発言にも注意が必要だ。

20 ▶▶▶ 退場②

得点直前の妨害にも厳しい
判断でレッドカードを示す

💡 **コレが できる** 得点機会を阻止するような場面で、レッドカードの判断ができる。

ゴールに直接係わる場面での退場が多い

　著しく不正なプレーで退場させる以外では、ゴールに直接係わる場面で、退場を宣告することが多く見られる。

　特に、得点の機会が高まるゴール前の場面で、選手が**意図的に手を使い相手の得点を阻止した場合は、レッドカードの対象**となるので、場面をよく見ておく。

　また、ゴールキーパーも同じように、1対1を抜かれたあとに、相手のプレーを阻止した場合は、レッドカードの対象となる。

効くツボ
1. 手を使って止める
2. キーパーが手をかけたら反則
3. ゴール前で得点機会を阻止

効くツボ 1

ゴールキーパー以外の選手が
手を使って止める

ペナルティーエリア内で手を使うことが許されているのはゴールキーパーのみだが、相手にゴールを許してしまいそうな瞬間、手を出して得点を阻止しようとする選手もいる。小学生では特にありがちだが、その場合はレッドカードの対象となる。

効くツボ 2

ゴールキーパーは抜かれた
あとに手をかけたら反則

ゴールキーパーで特に多いのは、1対1を抜かれたあとの対応で、わざと相手の体や足に手をかけ得点の機会を阻止する行為。これは、小学生レベルの試合に係わらず接触プレーとしても多い。明らかに得点の可能性があったものを阻止し、ボールにプレーしようとしていなければレッドカードの対象だ。

効くツボ 3

ゴール前での得点機会を
阻止した場合

勝負への闘争心というのは、小学校世代でも強く、つい反則してしまう子どももいる。手を使ってシュートされたボールを止める以外でも、自分が抜かれたと思った瞬間に、相手の選手をつかんで止めるなどした場合も、レッドカードの対象になる。

やってみよう
得点に係わる場面は重要

子どもの年齢があがればあがるほど、1試合のなかで訪れる得点の機会は少なくなる。だから、得点に係わる場面の重要性を理解しておくことで、退場の判断を明確にする。

できないときはここをチェック

プレーから離れてしまい自分一人で退場の判断ができない場合は、ボールとプレーを近くで見ている可能性のある副審に話を聞いて判断する。

21 ▶▶▶ ペナルティーキック

規定の位置につくまで
PKの合図をしない

> 💡 **コレが
> できる** ペナルティーキックの始める合図や終わったあとの注意点がわかる。

ペナルティーエリア内の
直接フリーキックがPKとなる

　自分のペナルティーエリアの中で直接FKとなるファウルを犯したとき、相手チームにPKを与えることになる。

　得点に係わるところなので、細かいことまで憶えておきたい。重要なのは、**選手が規定の位置につくまで、ペナルティーキックの合図をしないこと**。小学生の大会などでは、ペナルティーキックの判定が出たあと、現場が混乱していることがある。規定の場所にいない子どももいるので気をつける。

効くツボ
1. ボールを置く位置
2. 選手の配置を確認
3. ペナルティーマークを示す

効くツボ 1

ペナルティーキックのときの
ボールを置く位置

ペナルティーマークの上にしっかり置かれていること。そして、ペナルティーキックを蹴る選手が1人決まっていることが重要。相手を惑わすために2人や3人が、ボールの近くに立つことはできないので、明確になるまで笛を吹かない。

効くツボ 2

選手の位置を確認して
ペナルティーキックを始める

ボールを置く位置を確認したら、次は選手の位置が規定の位置にいるかを確認してペナルティーキックを開始する。意外とルーズになりがちだが、小学生の場合であってもしっかりと決められた位置に入らないと、ゲームを再開してはいけない。

効くツボ 3

プレーを止め
ペナルティーマークを指差す

ペナルティーエリア内での直接FKに該当するファウルだと判断を下したら、笛を吹きプレーを止める。そして、ペナルティーマークを指差して、ペナルティーキックであることを示す。反則を犯したチームの子どもたちは異議を唱えるかもしれないが、厳格な態度で対応。

Let's やってみよう
得点に係わる重要なプレー

ペナルティーキックは得点に係わる重要なプレー。しかも、確率が非常に高い。そのため、小学生の試合とはいえ、ゲームの流れを大きく変える場合もある。責任を持って判断を下す。

できないときはここをチェック

どうしても規定の位置に選手がつかない場合は、笛を吹かない。ゴールに係わる重要なシーンなので、特別なルールになっている。

22 ▶▶▶PK戦

勝利チームを決める
PKでは、人数や順番、場所を確認

💡 **コレが できる** 勝負をつけるための、PK戦のやり方がわかる。

**トーナメントなどでは、
勝敗を決めるための重要な方式**

引き分けのあるリーグ戦と違い、ノックアウト方式のトーナメント戦の大会では、試合終了時に勝敗を必ず決める。同点のままなら、**勝利チームがどちらかを決めるため、PK戦で勝敗を決める。**

試合の中でのペナルティーキックとは違って、事前に蹴る人数や順番、先攻後攻、始まってからの選手の待機する位置など規定がある。そのため、このPK戦は独自の注意が必要。

追加メモ
PK方式のときは、その他に考慮すべきこと（例えば、グラウンドの状態、安全など）がない限り、コインをトスしてキックを行うゴールを決定する。

効くツボ
1. **蹴る人数を同じにする**
2. **コイントスで先攻を決める**
3. **選手の位置を確認して開始**

効くツボ 1

PK戦を始める前に、まず人数を同じにする

勝利チームを決めるために、まずは機会を平等にする。片方のチームに退場者が出ている場合は少ない方の人数を合わせる。5人の代表者を出し、そこで勝敗を決めるが、5人で決着がつかない場合は同数のキックで一方のチームが他方より多く得点するまで続ける。(8人制は3人)

効くツボ 2

コイントスして先攻か後攻かを選ぶ

キックオフのコイントスと同じやり方でコインを投げ決める。勝者のチームは、PK戦の先攻か後攻かを決めることができる。このとき、主審はキャプテンの子どもに「こっちが出たらあなたのチームが先攻か後攻かを選べる」と伝えておく。

効くツボ 3

キッカー、ゴールキーパー、他の選手の位置を確認してスタート

主審の笛が鳴って、1つ1つのペナルティーキックがスタートする。試合の展開によっては、小学生といえどもキッカーがわざと遅れてきたり、ゴールキーパーが所定の位置につかないなど、勝負の駆け引きをすることがあるので、規定の位置につくまで始めない。

やってみよう

PK戦までの時間が必要

PK戦を始めるまでに、ゴールの選択、蹴る順番、コイントスでどちらのチームが先攻か後攻かを決めるなど、準備が必要だ。それらすべてを決定したら始める。

できないときはここをチェック

めったにないが、PKでも勝敗が決まらない場合がある。勝敗が延々と決まらず日没を迎えるような場合は、大会役員や関係者と相談する。

23 ▶▶▶ 負傷者への対応

負傷者が出た場合はケースに合った的確な対応をする

> 💡 **コレが できる** 負傷者が出た場合の対処をスムーズに行うための手順がわかる。

**負傷者の状況を判断して
臨機応変な対応をする**

　子どもの試合だからこそ、**負傷者の対処には、的確で迅速な対応**を取ることが必要だ。場合によっては子どもたちの将来に関わる問題なので、ケガの状態を見極めることが重要。

　しかし、プレーを続けている中で、負傷者のケガの程度を推し量ることは難しい。負傷者のチームのコーチに診せるなど、臨機応変な対応をする。

　特に頭のケガや、骨折などは、大きなケガにつながる危険性もあるので、主審の役割は重要だ。

効くツボ
1. ゲームを切るかの見極め
2. 重傷の場合は救急車を
3. 手を内側に動かして合図

効くツボ 1

負傷したとき、ゲームを切るかどうかの見極め

負傷者が出た場合、そのケガの状態を見極めるのも主審の役割。最近は、ケガをしたフリをして倒れる子どもがいるなど、その判断が難しくなってきている。しかし、ゲームの流れや、状況をしっかり把握してプレーを切るかどうか見極めることが重要。

効くツボ 2

重大な負傷者が出た場合はすみやかに救急車を呼ぶ

成長過程にある子どもだけに、頭周辺のケガには迅速に対応する。また、骨が未発達な子どももいるので、骨折などの症状も起こりやすい。そうした場合は、すみやかに救急車を呼ぶか、ご両親の車などで病院に運び、専門家に診てもらい判断を任せる。

効くツボ 3

ピッチに再び戻す場合は手を内側に動かして合図をする

打撲や小さな切り傷など、応急手当をしてプレーできる状態に子どもがあれば、ピッチに再び戻すことができる。第4の審判員がいるときは確認の協力をしてもらうが、主審が選手の確認をしてから入れる。手を内側に動かし、「入ってよい」という合図をする。

☞やってみよう

流れを見て判断する

負傷者が出たときでも、ゲームにおいて得点の可能性が高い場合はあえて流すことも必要。ゲームコントロールと負傷者の手当は瞬時の判断が難しいが、状況を見て的確に判断する。

できないときはここをチェック

ケガの程度がわからず対応できない場合は、迅速に専門家に診せること。応援に来ている人のなかに医療に詳しい人がいれば診てもらう。

コツ No.

24 ▶▶▶ アドバンテージ
アドバンテージを見て
すぐにプレーを<u>止めない</u>

> 💡**コレが できる** 試合をスムーズに行うために、アドバンテージを活用できる。

試合の状況を見て、アドバンテージが必要かどうか判断する

　試合を円滑に進めるためには、ファウルがある度に笛を吹いてプレーを止めないことも必要だ。

　ファウルを取ることで、攻撃側が有利になるか、不利になるかを判断する。**場合によっては攻撃側のアドバンテージを取り、笛は吹かないことが必要。**

　近年では、大人のサッカーの影響で、小学生の試合でもファウルをアピールしプレーを止めようとすることがある。そうした子どもの意図には注意が必要だ。

効くツボ
1. **反則の重さを見る**
2. **ゴールまでの距離を確認**
3. **他の選手にも示す**

効くツボ 1

アドバンテージを見ても、警告、退場に値する場合もある

攻撃側に有利な展開となったのでアドバンテージを取ったが、その前のファウルが明らかに不正なプレーだった場合は、プレーが切れたあとでその選手に対し警告や退場を示す場合もある。小学生といえども、フェアプレーの精神をしっかり示すことが必要だ。

効くツボ 2

アドバンテージを見るときは、ゴールまでの距離を確認

得点の機会が生まれそうな場合に、守備のファウルで意図的にプレーを止めては攻撃側が不利になるので、アドバンテージを取ることができる。主審はファウルが起きた位置、ゴールからの距離、プレーの方向や勢い、DFの数を考えて、アドバンテージを取るかどうか決定する。

効くツボ 3

プレーしている他の選手にも示す

「プレーオン」と大きな声を発し、両手または片手を広げる。接触した選手だけでなく、他のプレーしている選手たちにもわかるように大きなシグナルをして示す。そのときは、攻撃をしているチームのアドバンテージを取っているので、攻撃をする方向を向いている。

やってみよう

なるべくアドバンテージを見る

アドバンテージを取っても反則を受けた側が有利な展開にならなかった場合、その反則があった地点まで戻して再開することができるので、アドバンテージは積極的に取る。

できないときはここをチェック

うまくアドバンテージが取れない場合は、ファウルの度に笛を吹いている可能性がある。ワザとファウルをもらいに来ていないかどうかを判断する。

25 ▶▶▶ オフサイド①（プレーに干渉する）

オフサイドはボールと選手をよく見て判断する

> **コレができる** オフサイドの定義が理解でき、試合をスムーズに進行することができる。

**"相手選手よりも、相手選手の
ゴールラインに近い"オフサイド**

　得点に絡むプレーとして、**オフサイドの基本規則を覚えておくこと**が必要だ。

　最も基本的なオフサイドは、"相手選手よりも、相手選手のゴールラインに近い"場合。このとき、近いと判断されるのは、頭、胴体、足のどこかの部分が出ていること。例外は手。手は、相手選手よりもゴールラインに近くなっていてもオフサイドにはならない。

　主審、副審で同時に見て見極めるが、**ボールと選手をよく見て判断をする。**

効くツボ
1. ポジションを確認する
2. 手は出ていてもOK
3. 手を頭の上にあげる

効くツボ 1

オフサイドポジションを確認する

オ フサイドの基本は、"相手選手よりも、ボールを受ける選手が相手選手のゴールラインに近い"場合。言葉にすると難しいが、ディフェンスラインよりもゴールラインに近い位置でボールに絡んだ場合だ。そのポジションを確認し、オフサイドの判定を下す。

効くツボ 2

手が出ていてもOK。頭、胴体、足はオフサイド

小 学生レベルでもオフサイドトラップを仕掛けるチームがある。その場合、よりオフサイドの判定は難しいが、パスの瞬間にラインより手が出ているだけではオフサイドにならない。右の写真のように頭、胴体、足が出ていた場合はオフサイドを取る。

効くツボ 3

オフサイドのときは大きく手を頭の上にあげる

オ フサイドのときのシグナルは、笛を吹き、大きく手を頭の上にあげる。多くの場合はプレーしているラインを真横から見ている副審が判断して旗をあげるので、副審とアイコンタクトで連携してオフサイドの判定を示す。

やってみよう

間接FKからプレーは再開

オフサイドの反則を取った場合、プレーの再開は間接FKから始まる。間接FKで触れた注意事項と同じように、ボールの位置や、距離などを頭に入れてプレーを再開する。

できないときはここをチェック ☑

自分の場所からオフサイドをうまく見ることができない場合、よりオフサイドラインに近い場所で判断を下した副審の決定に従う。

プレーを妨害する
オフサイドを見極める

プレーを妨害したことで、オフサイドになる事例がわかる。

一連のプレーを妨害したときの
オフサイドが一番多い

オフサイドの反則が起きたときに、一番多いのが一連のプレーを妨害したときのオフサイドだ。

プレーを妨害するオフサイドとは、**味方の選手がパスをし、味方の選手がボールに触れてプレーをした場合**を意味する。

小学生の大会でも、大人の大会でも、このプレーを妨害するオフサイドは頻繁に起こる反則なので、幾つかの事例で定義を覚えておくことによって、実際の試合でも対応することができる。

追加メモ
最後に攻撃側の選手が触れたボールを、相手のゴールキーパーか、相手競技者が意図的にプレーしたボールをオフサイドポジションにいた選手が受けてもオフサイドの反則にならない。

効くツボ
1. パスを受けるポジション
2. プレーの可能性がない
3. オンサイドの選手の動き

効くツボ 1

オフサイドポジションで
パスを受ける

味方の選手がパスを出した瞬間、オフサイドポジションにいた攻撃側の選手Aがボールに触れたとき、オフサイドの反則となる。少なくとも守備側の選手が2人以上（GKも含めて）、ボールを受けた選手よりもゴールライン側にいなければならない。

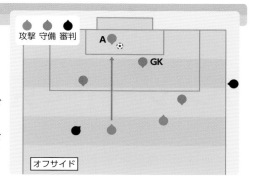

攻撃 守備 審判

A
GK
オフサイド

効くツボ 2

オフサイドポジションの
選手以外プレーの可能性がない

オフサイドポジションに攻撃側の選手Aがいるとき、オンサイドポジションにいるその他の味方の選手が、ボールに対してプレーする可能性がないと主審が判断した場合。Aがボールに対してプレーする、あるいは触れる前にオフサイドの反則となる。

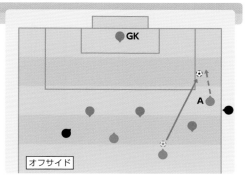

GK
A
オフサイド

効くツボ 3

オンサイドの選手が先にボール
に触ればオフサイドではない

オフサイドポジションにいた攻撃側の選手Aが、ボールに対してアプローチするが、先にオンサイドの味方選手Bがボールに触ってプレーをした。このときはオフサイドにならない。AはBよりも先にボールに触れていないことで、そう判断できる。

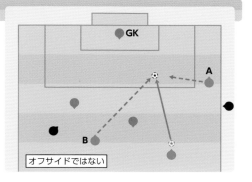

GK
A
B
オフサイドではない

やってみよう

妨害した選手の動きをみる

プレーを妨害したときのオフサイドの反則は、オフサイドポジションにいて妨害した選手のポジションを確認する。死角となって見えにくいときは副審の判断を採用する。

できないときはここをチェック ✓

オフサイドポジションの選手がプレーを妨害したかどうかは、副審が真横から見て判断している。副審の旗を見るなど、連携して判断する。

守備側の選手に不利益なら
オフサイドの反則を取る

 コレができる 相手選手を妨害したことでオフサイドになる事例がわかる。

**ボールに直接絡まない
オフサイドを判断する**

　オフサイドの判定で難しいのは、その選手がボールやプレーを直接妨害はしていないが、守備側の選手に対して妨害（ボールが見えないように邪魔をするなど）しているときだ。

　ボール、もしくは一連のプレーに直接絡んでないように見えても、攻撃側の選手が、守備側の選手に対し妨害して、その結果、**守備側の選手に不利益になるようなときはオフサイド**の反則を取る。相手を惑わすような動きも含まれる。

 効くツボ
1. **プレーや視線を妨げる**
2. **シュートコース上にいない**
3. **プレーの可能性を妨げる**

効くツボ 1

ゴールキーパーの視線を妨げる

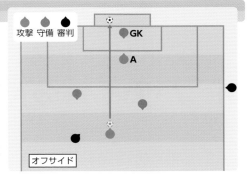

オ フサイドポジションにいる攻撃側の選手Aはプレーを妨害していないが、シュートのコース上で、GKの視線をさえぎった。このとき、守備側の選手のプレー、もしくはプレーする可能性を妨げたことになりオフサイドの反則となる。

効くツボ 2

シュートコースに関係ないポジションはオフサイドにならない

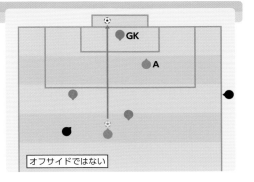

効 くツボ1と似た状況で、オフサイドポジションにいる攻撃側の選手Aがプレーを妨害せず、シュートのコース上にもおらず、相手を惑わすような動きもなければ、オフサイドではない。

効くツボ 3

守備側の選手のプレーを妨げる

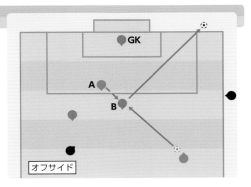

攻 撃側のシュートやパスに対して守備側の選手がクリアやカットをしたとき。そのボールに対してオフサイドポジションにいた攻撃側の選手Aが、守備側の選手Bのプレーする可能性を妨げたり、身振り手振りで惑わしたとき、オフサイドの反則となる。

やってみよう
演技を見抜くことも重要

プレーを妨害しないときでも、オフサイドポジションにいる選手が動きそうな位置を予測すること。プレーを妨害しないフリなど、最近の小学生はそうした演技もうまくなっている。

できないときはここをチェック

妨害したかどうかを判断するには、守備側が不利かどうかを考える。惑わすつもりがなくても、結果的に惑わすようなプレーならばオフサイドとなる。

28 ▶▶▶ オフサイド④ (オフサイドにならない特殊な事例)

攻撃側が利益を得たときのオフサイドを見極める

> 💡 **コレが できる** 最終的に攻撃側が利益を得ることでオフサイドになる事例がわかる。

実際にプレーして利益を得たオフサイドがわかる

最終的に、**オフサイドポジションにいた攻撃側の選手が利益を得たとき、オフサイドの反則**をとる。

シュートやパスが出た瞬間、オフサイドポジションにいた攻撃側の選手が直接ボールをプレーしていないし、相手を惑わすような行為もしていないが、ポストやバー、ＧＫに当たり跳ね返ったボールが、攻撃側の選手の足元に来た。これはオフサイドポジションにいたことで利益を得たので、オフサイドとなる。

小学生などは、目の前のボールにとっさに反応するので注意だ。

効くツボ
1. 足元に転がった
2. ＧＫから跳ね返った
3. ブロック後のオフサイド

効くツボ 1

オフサイドポジションで
足元に転がった

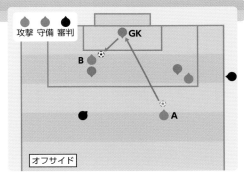

攻撃　守備　審判

GK

B

A

オフサイド

選手Aがシュートしたボールには直接プレーしていないが、GKから跳ね返ったボールがオフサイドポジションにいた味方選手Bの足元に転がってきたのでプレーをした。これはオフサイドの反則となる。もともとオフサイドポジションにいたことが原因になる。

効くツボ 2

オフサイドポジションで
ないところに跳ね返った

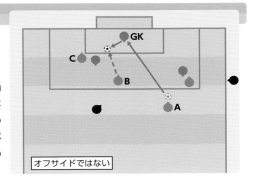

GK

C

B

A

オフサイドではない

選手AがシュートしたボールがGKに当たり跳ね返ってきたので、味方選手Bはそのボールに対しプレーした。しかし、もともといたポジションがオフサイドポジションでないので、オフサイドにはならない。選手Cもプレーを妨害していないので罰せられない。

効くツボ 3

守備がブロックしたあとでも
オフサイドとなる

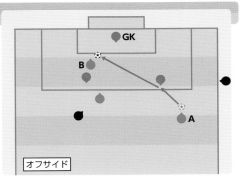

GK

B

A

オフサイド

選手Aがシュートしたボールに対し、守備側の選手がブロック。しかし、そのボールがオフサイドポジションにいた攻撃側の選手Bのボールとなりプレーした。これはオフサイドの反則となる。一瞬、ボールの行方が判断しにくいので注意が必要だ。

👉 やってみよう

密集地では副審を頼る

ゴール前で混戦しているときのプレーでは、最終的に利益を得た選手がオフサイドポジションにいたかどうか判断が難しいので、副審と連携し死角を減らすことで見わける。

できないときはここをチェック ☑

最終的に利益を得た場所がオフサイドポジションかどうかではなく、その前のプレーの段階でオフサイドポジションにいたかどうかを判断すること。

オフサイドにならない
特殊な事例を頭に入れて備える

💡 **コレが できる** ケースは少ないが、オフサイドの反則にならない特殊な例がわかる。

**実際の試合で起きても
判断に迷わないようにする**

これまで紹介してきたオフサイドの事例以外にも、**特殊な事例として、オフサイドの反則にならないシーンに出くわすことがある。**

これは小学生の試合でも、ケースこそ少ないが、こうしたオフサイドにならないプレーが起きる可能性は十分にある。

実際の試合でこうしたケースが起きたとき、判断に迷わないようにする。事前に起こりうる事例を頭に入れて、オフサイドかオフサイドではないかの判断が必要だ。

効くツボ
1. **ハーフウェーライン**
2. **スローインでプレー再開**
3. **負傷者がいたとき**

効くツボ 1

自陣からハーフウェーラインを越えたとき

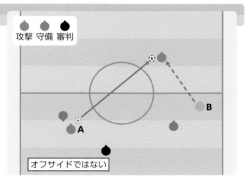

攻撃　守備　審判

オフサイドではない

GKを除いた相手が全員自陣にいるときは、オフサイドラインがハーフウェーラインとなる。このとき、ボールを奪った選手Aからのパスに対して、味方選手Bが自陣からハーフウェーラインを越えて相手側陣地に入って受けても、オフサイドの反則にはならない。

効くツボ 2

スローインではオフサイドにならない

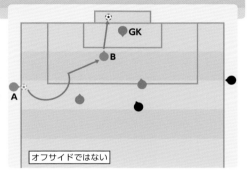

GK
B
A
オフサイドではない

スローインでプレー再開のときは、オフサイドポジションにいる選手Bがボールを受けてもオフサイドにならない。そのままシュートしてゴールが決まれば、得点が認められる。ボールに密集する小学生の試合ではよくあるシーンなので、注意が必要だ。

効くツボ 3

オフサイドポジションに負傷した味方がいたとき

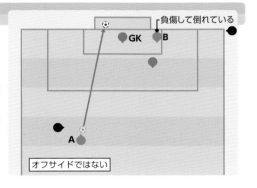

負傷して倒れている
GK
B
A
オフサイドではない

最も気を使わなければいけないケース。選手Aがシュートしたボールはゴールに決まったが、そのオフサイドポジションに負傷した味方選手Bがいたとき。しかし、シュートしたボールと相手選手に対し妨害していなければオフサイドにはならず、得点が認められる。

やってみよう

負傷者の判断は主審がする

効くツボ 3 のようなケースは、ゴール前でのせりあいが起きたあとによく見られるケース。そのときは、負傷者が意図してプレーへの妨害を避けているかどうか、主審が判断をする。

できないときはここをチェック ☑

シュートコース上の負傷者が、わざとではないがプレーを妨害してしまうときがある。その場合、守備側に不利益となるのでオフサイドの反則を取る。

ドロップボールは腰の高さ
他の選手は4m以上ボールから離れる

💡 **コレが
できる** ドロップボールが採用されるときの判断、プレー再開の注意点がわかる。

競技規則にない理由で
一時停止したプレーの再開方法

ドロップボールとは、競技規則にない理由で主審がプレーを一時停止したとき、プレーを再開するための方法。

負傷者が出たときなどが一番多いが、小学生の大会では隣の試合からボールが入ってしまい一時停止するケースもある。

実際の試合でドロップボールを行う時は、最後にボールに触れたチームの選手1人にボールをドロップする。また、ボールがペナルティーエリア内の時はGKにドロップする。

追加メモ
ドロップボールが蹴られて、直接相手チームのゴールに入った場合は、ゴールキックが与えられる。また、ドロップボールが蹴られて、直接そのチームのゴールに入った場合は、相手チームにコーナーキックが与えられる。

効くツボ
1. 隣から入ってきたボール
2. 地面についてインプレー
3. ボールが審判に当たる場合

効くツボ 1

ボールが隣のコートから入ってきたら一時停止

小 学生の大会では、大きなグラウンドで何面か取って何試合も行うため、隣のコートと距離が近いので注意が必要だ。隣のコートから蹴られたボールが入ってしまい、プレーに影響が出る場合は試合を一時停止し、ドロップボールを採用する。

効くツボ 2

ボールが地面についてからがインプレー

ド ロップボールでプレー再開をするときは、ボールが地面についた時にインプレーとなる。ボールが地面につく前に選手がボールに触れてしまったときは再度ドロップボールをやり直す。

効くツボ 3

ボールが審判に当たってもドロップボールになることがある

ボ ールが審判に当たって、チームが大きなチャンスとなる攻撃を始めるか、ボールが直接ゴールに入るか、ボールを保持するチームが替わった時には主審はプレーを止めてドロップボールで試合を再開する。

やってみよう
笛が鳴るまでプレーを続ける

負傷者が出たり、隣のコートから蹴られたボールが入ってきても試合を止めるかどうかは主審が判断するので笛が鳴るまでプレーを続けよう。

できないときはここをチェック

ボールは垂直に落とすだけ。上に投げる必要もないし、勢いをつけて落とす必要もない。フェアになるよう、自由落下させる。

31 ▶▶▶ インプレーとアウトオブプレー

ボールがラインを完全に割るまではインプレー

コレができる ボールのインプレーとアウトオブプレーの判断する方法がわかる。

場面ごとにあるインプレーとアウトオブプレーを即座に判断

ボールがラインを割って外に出たらアウトオブプレーで、ボールがライン上に一部でもかかっている場合がインプレー。

主審をやり慣れていないと、ボールが思わぬ動きをすると判断に迷うときもあるが、いくつかの事例を頭に入れて試合に挑むことで明確な判断を示す助けになる。

ラインを割るなど、アウトオブプレーはわかりやすいが、**判断が難しいのは、インプレーのケース**であることをよく覚えておく。

効くツボ
1. インプレーとアウトオブプレー
2. 審判に当たった場合
3. 跳ね返った場合

効くツボ 1

インプレー&アウトオブプレーとなる場面

右の図を見てわかるように、ボールがラインを完全に割った場合はアウトオブプレー。ライン上にボールの一部でもかかっている場合はインプレー。土のグラウンドではラインが消えかかっている場合もあるが、そこにラインがあるとみなし見極める。

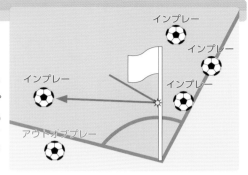

効くツボ 2

審判に当たった場合はインプレーかドロップボール

ボールがフィールド内にいる主審、または副審に当たって跳ね返った場合は、「コツ No30、効くツボ 3」の場合を除いてインプレーとなる。

効くツボ 3

ポストやバー、コーナーフラッグに当たり跳ね返った場合

シュートがポストやクロスバーに当たり跳ね返った場合や、コーナーフラッグに当たりフィールド内に戻って来た場合はインプレー。しかし、最近のゴールはケガを考慮し丸くなっているので、外に出やすい。当たって外に出ればアウトオブプレーとなる。

やってみよう
ボールの状況を見極める

ラインを割っているかどうかは、そのときのボールの状況を瞬時に見極めて判断する。特にゴールライン、タッチライン付近での判断は、副審との連携が必要だ。

できないときはここをチェック ☑

空中のボールは特に即座の判断が難しいときがあるが、上空にもラインが壁のように縦に伸びているとイメージして、判断する。

32 ▶▶▶ スローイン
スローインのフォームや
投げ入れる場所に注意

コレが できる スローインのときに注意しなければならない点がわかる。

スローインの妨害行為 にも気をつける

スローインは、タッチラインを割ったボールを**再びフィールドに入れてプレーを再開させる方法**。

スローインの場面では、ボールを投げ入れるときに注意が必要だ。相手ゴールに迫りたい気持ちから、ボールを投げ入れる場所が相手ゴールに近づいてしまったり、遠くに飛ばしたいと**気持ちが焦り、ファールスローを犯す**ことがよくある。

そうした点をしっかり見極めることが必要だ。

効くツボ
1. 場所はあっているか
2. ファールスローの判断
3. 手は攻撃側を示す

効くツボ 1

スローインをする場所は あっているか

主審が示した場所からのスローインでプレーは再開するが、何度もスローインの動きを繰り返すうちに、小学生などの場合は前に前に進んでしまうことがある。その場合は、もとの場所に戻してからフィールドにボールを投げ入れるように指示する。

効くツボ 2

ファールスローに なっていないか

ボールを投げ込むとき、特に力の弱い小学生は飛距離が出ないため、ボールを頭の上からでなく片手で投げるようなフォームになることがある。また、距離を稼ごうとラインを踏み越える場合もあるので、そういったファールスローになっていないかを確認する。

効くツボ 3

スローインを行うチームの 攻撃方向を示す

ボールがタッチラインを越えた場合、スローインを行うチームの攻撃方向を示す。そのとき、スローインを行う選手が、正しい場所から行うかもチェック。また、相手の選手がスローインの行為を邪魔していないかも合わせてチェックする。

やってみよう
スローアーにもわかりやすく

シグナルのときに、主審は攻撃方向を示すが、スローアー（スローインをする選手）に対してはどこからスローインできるかを教えてあげるとプレー再開がスムーズにできる。

できないときはここをチェック ☑

スローインのとき、守備側がスローアーの近くに寄ることで邪魔をしてうまくプレーが再開できない場合、2 m以上離れるように注意する。

33 ▶▶▶ ゴールキック

ゴールキックのとき
遅延行為などの反則に注意

コレが できる ゴールキックのときに、注意しないといけない点がわかる。

ボールを置く位置、遅延行為をチェック

攻撃側が最後に触ったボールが、守備側の**ゴールライン**を越えたときに、守備側がプレーを再開する方法がゴールキック。

ゴールキックは、ボールをゴールエリアの任意の位置に置くことができ、ゴールキーパー以外の選手が蹴って試合を再開してもいい。また、ボールが完全に静止した状態で蹴らなくては、プレー再開にならない。このとき、**遅延行為などの反則が頻繁に行われる**ので注意する。

効くツボ
1. ボールを置く位置
2. キーパーの遅延行為
3. ゴールエリアを指して示す

効くツボ 1

ゴールキックのときの
ボールを置く位置

ゴールキックは、ゴールエリアの任意の位置からなら、どこにボールを置いて蹴ってもいい。ゴールラインからボールがはみださないで、どこか一部でもかかっていれば問題ない。ボールが蹴られて明らかに動いたときにインプレーとなる。

効くツボ 2

ゴールキック時の
遅延行為をチェックする

試合に勝っているチームがゴールキックをする場合は、遅延行為に注意する。小学生の場合、ゴールキーパーにキック力がないと他の選手が蹴ったりするが、このときにわざと遅らせるような行為をする場合があるので、しっかりチェックする。

効くツボ 3

ゴールキックかコーナーキックを
わかりやすく示す

ゴールキックをするゴールエリアを指して示す。これは、ゴールラインを割ったときに、コーナーキックかゴールキックのどちらであるかを選手にわかりやすく示すため。また、選手、副審、第4の審判員を含めた周りの人にもわかるようにする。

Let's やってみよう
どちらのチームが有利になるか

どちらのチームが勝っているか、試合の勢い、点差など状況によって遅延行為というのは判断が難しい。その遅延行為をすることで、どちらのチームが有利になるかを考える。

できないときはここをチェック ☑

ペナルティーエリアに攻撃側の選手がいて、ゴールキックをすみやかにできないときは、その選手が外に移動するまでプレーを再開しない。

コツ No. 34 ▶▶▶ コーナーキック

コーナーキックではボールと選手の位置を確認する

💡 **コレができる** コーナーキックのときに、スムーズな試合の再開ができる。

**コーナーキックのときは
すばやくゴール前にポジショニング**

守備側が最後に触ったボールが、守備側の**ゴールラインを越えたときに、攻撃側がプレーを再開する方法**がコーナーキック。

ボールは、ゴールラインを越えた地点に近い方のコーナーエリアに置いてから、蹴って試合を再開する。ボールが蹴られて明らかに動いたときにインプレーとなる。

また、コーナーキックがされたあとはゴール前でのプレーとなるので、主審はすばやくゴール前にポジションを取る。

効くツボ
1. ボールを置く場所
2. 壁、選手の位置を確認
3. 再開する方を手で示す

効くツボ 1

ボールを置く場所は
コーナーエリアのなか

コーナーエリアのなかなら、どこに置いて蹴ってもいい。ボールの一部がラインにかかっていれば問題ない。しかし、キック力に自信のない小学生などは、少しでもゴールに近づきたいために、コーナーエリアをはみ出してボールを置くので注意が必要だ。

効くツボ 2

壁、守備側の選手の
位置を確認する

コーナーキックは、得点に絡む重要なプレーの1つなので、選手の位置、壁までの距離などしっかり確認してプレーを再開する。最近はリスタートを早くする傾向などもあって、守備側であえて十分に距離を取らないようにする、頭のいい小学生もいるのでチェックする。

効くツボ 3

再開するコーナーエリアを
手で示す

ゴールラインを越えた地点に近い方のコーナーエリアにボールを置いてから、プレーを再開する。主審は左右どちらのコーナーエリアから再開するかを手で示すことが必要だ。これは、他の選手、副審、第4の審判員にもわかるよう明確にするためだ。

Let's やってみよう

ショートコーナーなどもある

時間帯によっては、攻撃側が時間を稼ぐためにショートコーナーを使いボールキープするときがある。そのときは、ボールの近くにいて判断することも重要になる。

できないときはここをチェック ✓

ゴール前で有利なポジション争いをするために、選手同士のこぜりあいが起きてプレーが再開できないときは、プレーを再開しない。

35 ▶▶▶ 得点 （ゴールイン）

得点の判断はボールの
全体が越えたら得点

 コレができる サッカーで一番重要な要素、得点の方法を判断することができる。

ゴールを見極めるために
副審と連携して確認する

　得点とは、**ボールがゴールポストの間と、クロスバーの下のゴールラインを越えたとき**に認められる。

　得点はサッカーの試合で、最も重要。間違いは許されないので、副審と連携して確認をする。

　強力なシュートの場合、ボールがゴールポストの後ろで跳ね返り戻ってくる場合もある。大きな大会になれば、試合の勝負の行方を決める大事な場面だけにミスは許されない。主審のもつ責任と役割は大きい。

効くツボ
1. ゴールインを見極める
2. 副審にアイコンタクト
3. センターマークを示す

84

効くツボ 1

ゴールインかどうかを見極める

ゴールインかそうでないか見極めるためには、ボールが完全にゴールラインを越えたことを確実に視認すること。写真のように、ボールの一部だけがゴールラインにかかっているという場合は、得点として認められないので注意が必要だ。

効くツボ 2

得点が認められたら、副審にアイコンタクト

完全に得点だと認められたら、主審は副審にアイコンタクトで合図を送る。その合図を受け、副審はハーフウェーラインに向かって走る。これは試合をスムーズに行うためのポーズでもあり、主審、副審で協力して周りの人に向けて示す行動だ。

効くツボ 3

明らかな得点のときはセンターマークを示すだけ

選手の誰が見ても明らかな得点の場合、笛は吹かずセンターマークを示す。しかし、得点を認めたが、プレーに集中している選手たちが気がつかず、プレーが続いている場合がある。そのときは、当の選手にわかるように笛を吹き、センターマークを示す。

やってみよう
無駄な笛は吹かない
得点が決まっても必ずしも笛を吹く必要はない。主審の役目は試合をスムーズに行うこと。副審ともアイコンタクトで通じ合えるようにすれば、得点かどうかきわどい判定もできる。

できないときはここをチェック ☑
主審の見ている角度からは、得点かどうか判断できない場合。真横から見ている副審の判断、旗の動きを確認することが大事。

36 ▶▶▶ 選手交代

選手交代は決められた
条件を頭に入れてスムーズに行う

💡 **コレが できる** 選手交代のときに気をつけなければいけないことがわかる。

大会によって認められている 交代人数が違う

　サッカーでは、選手の交代が認められている。選手交代には、チームの戦術的な意図や、負傷による交代などのケースが含まれる。

　この交代で最も重要なのは**主審が、第4の審判員（または副審）と連携してスムーズに行うこと。**

　小学生の大会や、16歳以下の大会、障害のある選手の大会など、大会によって交代が自由に認められていたり、人数に制限が設けられているので、その点を頭にいれて選手交代を行う。

効く ツボ
1. 記録用紙をチェックする
2. ハーフウェーラインから入る
3. 出場を待つ選手に合図

追加メモ
8人制のゲームは自由な交代（インプレー中も交代できる）になっている。

効くツボ 1

交代の記録用紙を
しっかりチェックする

選手交代のときはチームから交代の記録用紙が渡される。第4の審判員は、その用紙を見て試合前に登録されている選手か、背番号が合っているかをチェックする。また、小学生の大会では選手の自由な交代が認められているので覚えておかなければならない。

効くツボ 2

入る場所は
ハーフウェーライン

交代する選手がフィールドに入る場所は、ハーフウェーラインからと決まっている。また、フィールドを去る選手は、他の地点から出るようにと主審が示した場合を除いて最も近いタッチラインまたはゴールラインから出なければならない。

効くツボ 3

選手に向かって
手を内側に動かす

主審は選手交代を認めたら、フィールドから交代する選手が出たことを確認してから、出場を待つ選手に向かって「入っていいよ」と手を内側に動かす。交代選手が出る前に、出場をあせる子どもが入ってしまうこともあるので、十分注意する。

やってみよう
選手の動きを把握する

選手交代のときは、チームの状況によって「早く交代を済ませたい」、「わざと交代を遅らせたい」と様々。どんな場合でも、公正な態度で対応することが重要だ。

できないときはここをチェック

頻繁に交代があってうまくいかないときは、第4の審判員（副審）としっかり連携を取り、スムーズにゲームを進めることを心がける。

37 ▶▶▶ アディショナルタイム
アディショナルタイムの時間は主審の裁量で決める

> 💡 **コレができる** 空費された時間、アディショナルタイムに関する注意点や取り方がわかる。

主審が必要だと思ったらアディショナルタイムを取る

競技規則には、**アディショナルタイムは、「空費された時間の追加」**と書かれている。空費された時間とは、選手交代、選手の負傷時の対応、FK やスローインのときに再開までの時間があまりに長い場合等であるが、アディショナルタイムをしっかり取るようにしたい。

しかし、基本的にはどれくらい**アディショナルタイムをとるかは主審の裁量**。主審が必要だと思ったら、アディショナルタイムを取るぐらいの心構えで挑むこと。

効くツボ
1. 選手交代のときに取る
2. 負傷者が出た場合に取る
3. PK は最後まで行う

効くツボ 1

選手交代のときは
アディショナルタイムを取る

選手交代のときはプレーが止まっているので、しっかり時計を止めてアディショナルタイムを取る。しかし、小学生の大会では選手の自由な交代が認められていたり、あえて「アディショナルタイムを取らない」という特別な大会規定が設けられるときもあるので、確認が必要だ。

効くツボ 2

負傷者がでて時間がかかるときは
アディショナルタイムを取る

選手が負傷したとき、負傷の程度を判断する場合と、フィールドから退出する場合は、プレーが止まっているのでアディショナルタイムを取る。負傷してしまった選手のためにも、治療のときは時間を気にせずに、しっかりと時計を止めて対応する。

効くツボ 3

試合終了直前（アディショナルタ
イム）のPKは最後まで

試合時間が過ぎ、終了間際のアディショナルタイムでPKを取った場合は、アディショナルタイムが終わっていたとしても最後までPKを蹴らせる。キッカーが蹴り、ゴールが決まるか、GKに止められたら試合終了の笛を吹く。得点に係わる重要なプレーとなるので、覚えておき対応する。

やってみよう
飲水時間もアディショナルタイム

夏場、小学生の大会では飲水タイムが設けられている場合もある。この飲水タイムは、主審の合図で取ることになるので、当然プレーを開始するまでアディショナルタイムを取る。

できないときはここをチェック

小学生の大会などでは、第4の審判員が不在でアディショナルタイム表示ができないときもある。そのときはアディショナルタイムを表示しないで、そのまま進めていい。

38 ▶▶▶ 試合終了

終了後は選手同士で
健闘をたたえ合うことを徹底

> 💡 **コレが
> できる** 試合終了の合図と、終了後のセレモニーのやり方がわかる。

**お互いをたたえ合うための
握手を交わす**

アディショナルタイムを含め、全ての時間が経過したら試合終了となる。大会方式によっては勝敗が決まる場合もあれば、リーグ戦のように勝敗が決まらず引き分けで試合が終了する場合もある。

どちらにしても試合が終わったら、その瞬間からは相手はよき対戦者だったと、**相手をリスペクトして試合を終える。**

そのために、試合終了後の整列と挨拶、そして**お互いをたたえ合うための握手を交わすまでが、主審の役目だ。**

効くツボ
1. 片手は頭上で笛を吹く
2. 整列して挨拶
3. 選手同士、健闘をたたえ合う

効くツボ 1

片手を頭上にあげて
大きく笛を吹く

ア ディショナルタイムを含めて、全ての時間が経過したら試合終了となる。そのとき、主審は選手や副審（第4の審判員）、チームの関係者、観客など周囲の人たちにわかりやすく、片手を頭上にあげて大きく笛を吹いて試合終了であることを示す。笛の吹き方に決まりはない。

効くツボ 2

試合終了後は、
整列をして挨拶する

試 合が終了したら、審判員も含めセンターに戻り、整列して挨拶をする。このセレモニーをすることで、周囲で試合を見ている人たちにも試合が終わったことがわかる。しかし、大事なのは礼に始まり、礼に終わること。区切りをしっかりつける。

効くツボ 3

選手同士、
お互いの健闘をたたえ合う

挨 拶が終わったら、選手同士（審判員も含めて）の健闘をたたえ合い握手をして終わる。サッカーの基本は相手をリスペクトすることだ。サッカー選手として、そうしたフェアプレーの精神はプロになっても同じなので、小学校世代から徹底する。

やってみよう
周囲への礼を見届ける

選手は、試合が終わったということを、相手ベンチ、見ている人たちにも明確に示すため、整列をしてしっかり礼をする。主審が奨める役目ではないが、主審としてその様子を見届ける。

できないときはここをチェック

勝敗の結果によっては、泣き崩れる子どもがいて整列ができない場合もある。しかし、そうした子どもにも挨拶の重要性を説くのも主審の役目だ。

8人制サッカーのフィールド

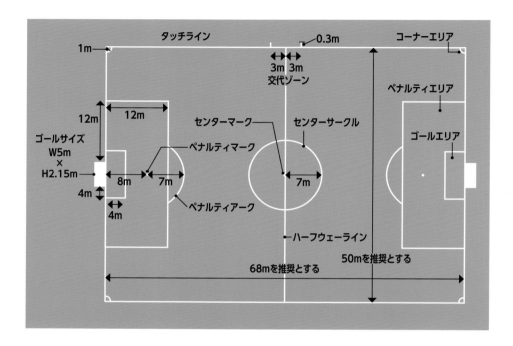

表面

天然芝や人工芝などの安全性の高いものが望ましい。コンクリートなど転倒の際にけがをする恐れがある表面は認められない。

大きさ

68m × 50m を推薦。11 人制サッカーで使用するフィールドの半分の大きさなので、2 面を使って試合ができる。また、会場の大きさによって修正することは可能。

ゴール

ジュニア用サッカーゴール（5m × 2.15m）を推薦。競技者がけがをしないように安全に設置すること。また、会場にジュニア用サッカーゴールがない場合はフットサルのゴールを 2 つ並べたり、コーンで代用することが可能。

副審&第4の審判員の役割

副審と第4の審判員は主審の要求に応じて、必要なところで積極的に主審をサポートする。
ボールがフィールド外に出た場合や、選手交代時の対応など、
副審のジャッジは試合をスムーズに進行させるためには欠かせないものだ。

PART 3

コツ No.39 役割を分担して 主審を援助する ——94

コツ No.40 攻守の違いを示すため あげる旗を左右で持ち替える ——96

コツ No.41 タッチラインの外側を オフサイドラインに合わせて動く ——98

コツ No.42 後ろから2人目と 同じラインに立って判断する ——100

コツ No.43 オフサイドの場所を 旗の高さで主審に知らせる ——102

コツ No.44 スローインのとき副審は 主審より近くで見て注意する ——104

コツ No.45 ゴールキックのとき副審は 場所と選手の位置をチェック ——106

コツ No.46 コーナーキックのときボールの 位置と壁までの距離を見る ——108

コツ No.47 ペナルティーキックのときは GKの動きと得点をチェック ——110

コツ No.48 主審から見えないファウルを 旗を使って主審に伝える ——112

コツ No.49 旗を水平に持つことで 主審に交代の合図を送る ——114

コツ No.50 第4の審判員の役割は記録全般と 選手たちのコントロール ——116

39 ▶▶▶ 副審の役割
役割を分担して
主審を援助する

💡**コレが
できる** 主審が試合をコントロールする、その援助をすることができる。

**適確なフォローで試合を
スムーズに行える**

　副審の任務は、競技規則に
従って試合を**コントロール
する主審を援助する**ことで
ある。

　主審一人では、広大な
フィールドで行われている全
てのプレーを監視すること
は難しい。そこで、**役割を
分担**し、主審が試合をコン
トロールしやすいようにフォ
ローし、ともに試合をスムー
ズに行えるようにすることが
必要。

　そして、選手が安全にプ
レーできるよう試合をコント
ロールすることへとつなげて
いく。

効くツボ
1. **ライン上から判断**
2. **オフサイドラインの監視**
3. **不正行為の判断**

効くツボ 1

ボールが外に出た場合
ライン上から見て判断

副審はタッチライン、ゴールラインとも ボール全体が外に出たかどうかを判断する。ボールに近い位置で、しっかりライン上から見て判断する。土のグラウンドではラインが見にくい場合もあるが、その場合は前後の見えるラインを参考に見極める。

効くツボ 2

フィールドを真横から見て、
オフサイドラインを監視する

オフサイドラインの監視も副審の大きな役目。主審と違って、フィールドを真横から見ることができるので、見ているラインのズレがない。小学生の大会といえども、オフサイドの判定は得点に係わる重要なプレーなので責任は重大だ。

効くツボ 3

主審に見えない
不正行為の判断

副審は特に、フィールドのなかにいる主審からは死角となり見えないプレーで、不正行為が行われていないかをチェックする。小学生でも、プロのそうしたよくない見本を真似してしまうことがある。そうしたプレーを、主審のかわりにしっかりとチェックする。

Let's やってみよう

オフサイドラインを常に見る

基本的に副審はオフサイドのラインを常に見られる位置にいること。オフサイドラインは真横からでないと、ボールとラインに角度がついて誤差が出るので絶対に真横をキープする。

できないときはここをチェック ☑

オフサイドラインばかりを見ていて、うまく不正を見抜けない場合がある。そのときは、オフサイドラインに体を持っていきつつ、目だけで意識する。

40 ▶▶▶ ルールには無い副審のコツ

攻守の違いを示すため
あげる旗を左右で持ち替える

> 💡 **コレが できる** 旗の扱い方を覚えて、主審とのコミュニケーションを円滑にする。

競技規則には載っていない、 副審の動きを知っておく

副審は主審のサポートをすることが主な目的だ。そのため、**サッカー競技規則にも副審の役割はあまり詳しく載っていない。**

試合中、ほとんどの時間、副審はライン際にポジションを取るため、フィールドのなかにいる主審に伝えることがある場合は、旗を使って合図を送る。

そのため、副審の動きの中で旗の持ち方や使い方を覚えておくと、試合でも主審とスムーズなコミュニケーションが取れる。

効くツボ
1. 腕と旗を一直線に
2. 守備側は右手、攻撃側は左手
3. 右手と左手での持ち替え

効くツボ 1

腕のラインと旗とを
一直線にする

旗 を持つとき、人差し指を添えて残り4本の指で柄を握るようにする。そうすることで、旗をあげたときに腕のラインと旗とが一直線となる。審判員はゲームをコントロールするためにも、常に毅然とした態度が重要。姿勢もその要素のひとつ。

効くツボ 2

ファウルは守備側なら右手、
攻撃側なら左手で旗をあげる

旗 を上にあげて主審に反則を示すときは、守備側のファウルなら右手、攻撃側のファウルなら左手で行う。なぜなら、体をフィールドの正面に向けて攻撃する方向の手で行うことで、主審に対してどちらのファウルかわかるように示すためだ。

効くツボ 3

旗は常にフィールド側。
右手と左手で持ち替える

自 分が担当しているフィールド上でのプレーでも、選手たちが攻撃する方向によって副審も走る方向が変わる。しかし、どちらに向かって走っていく場合でも、旗は常に主審のいるフィールド側に見えるように右手と左手で持ち替える。

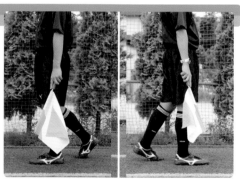

やってみよう

旗を持つ手を意識して動く

攻撃する方向がどちらになるかによって、即座に旗を持ち替える。常にどんなプレーが起きるかを予測し、どちらに走るか準備をしておくと、持ち替えがスムーズにできる。

できないときはここをチェック ☑

プレーの切り替えが早く、とっさにうまく左右の手で持ち替えられないときは、まずプレーに合わせて走る。そのあと、持ち替えればOKだ。

41 ▶▶▶ 副審のポジションと動き方

タッチラインの外側を
オフサイドラインに合わせて動く

> **コレができる** 副審を務めるときの、基本的なポジショニングと動き方がわかる。

副審の基本的な ポジショニングと動き方

フィールドに立つ主審と違って、副審は決められた範囲を動く。

基本的に副審は2人で、左右に別れ、受け持った陣地のハーフウェーラインとゴールラインの間にある**タッチラインの外側を、守備側のオフサイドラインに合わせて往復する**ことになる。

そのときの動き方に関しては、競技規則では特に明記されていない。

ここでは**副審の基本的なポジショニング**と、**動き方**を覚えるのが目的だ。

> **効くツボ**
> 1. 受け持った陣地で動く
> 2. 逆サイド時の位置取り
> 3. オフサイドラインで動く

効くツボ 1

自分が受け持った
陣地の間で動く

図にもあるように、副審は基本的に自分が受け持った陣地（フィールドの半分）のタッチラインの外側を動いてプレーの監視をする。逆側の陣地では、もう1人の副審が同じように担当する。死角をなくすよう、主審との間に、ボールと選手を挟むようにして見る。

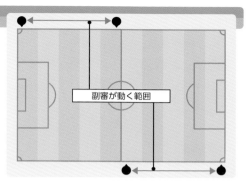

副審が動く範囲

効くツボ 2

ボールが逆サイドにあるときは
ハーフウェーライン上で待機

ボールと守備側の選手がハーフウェーラインを越えたときは、ハーフウェーラインの延長線上で待機する。そのときもプレーの監視は怠らない。小学生の試合であっても、攻守の切り替えが早く自分サイドへとすばやいパスが出てくる場合も多いので、常に準備が必要だ。

効くツボ 3

常にオフサイドラインの
真横をキープする

副審が監視する反則の中にはオフサイドのプレーがある。そのため、常にオフサイドラインの真横で監視をする。オフサイドラインと少しでも角度がついてしまうと、監視するラインに大きなズレが生じるので、プレーの先を予測しながら動くことが重要だ。

Let's やってみよう

タッチラインと90度に

オフサイドラインの監視は、得点に係わるプレーだけに重要な要素。自分が立つタッチラインと、オフサイドラインが90度を保つように常に真横からプレーを見るように心がける。

できないときはここをチェック ✓

ハーフウェーラインの外側で待つとき、相手の速攻に対し反応が遅れる場合がある。そのときは、攻撃している方向がどちらを向いているか注意深く見る。

42 ▶▶▶ オフサイド①

後ろから2人目と
同じラインに立って判断する

> 💡 **コレが できる** オフサイドラインを監視するときの心得とやり方がわかる。

**オフサイドラインに合わせて
動きながら判断する**

　副審は主審と同じように、フィールド上でのプレーを監視する。タッチライン上にポジションを取るのは、オフサイドラインと、ボールが出たかどうかを監視する役目があるからだ。

　そのため、副審のポジショニングは、**GK を含め、後ろから 2 人目（オフサイドライン）と同じラインにいること。**

　頻繁に上下するオフサイドラインの動きについていき、**オフサイドかどうかを判断する。**

効くツボ
1. **セカンド DF の横から見る**
2. **オフサイドラインを見る**
3. **オフサイドなら旗をあげる**

追加メモ
オフサイドのシグナルは右手で行う。写真の副審は左手で行っていて間違っている。持ち手を替える場合は、旗を腰より低い位置で持ち替える。

効くツボ 1

後方から2人目の真横で
プレーを見る

GKを入れ、後ろから2人目の選手の動き
にあわせて、オフサイドかどうかを見る。
小学生の場合は、GKが不要に飛び出す場合も
あり、後ろから2人目の選手の判断が難しくな
るときもあるが、常にプレーの先を読み、的確
なポジショニングを心がける。

効くツボ 2

オフサイドラインを見ながら
ボールの位置を見る

ボール保持者からパスが出た瞬間に、オフ
サイドかどうかを判定しなければならな
いので、2つ同時に意識して見る。小学生とい
えども、技術の高い子どもはオフサイドギリギ
リでスルーパスを狙ってくるので、気を抜かず
しっかりボールとラインを見る。

効くツボ 3

オフサイドと判断したら
旗をあげる

そのプレーがオフサイドだと判断したら、
オフサイドのあった位置で旗を頭上にあ
げて主審に知らせる。そのとき、主審が旗をあ
げたことに気がつかなかった場合は、プレーが
続いていたとしても、オフサイドのあった位置
がわかるようにその場を動かない。

やってみよう
プレーする意志を見極める
後ろから2人目の選手がどこにいるかの監視も
重要だが、オフサイドポジションにいる選手が
プレーをする意志があるかないかを見極めて、
オフサイドの判断をする。

できないときはここをチェック
真横にポジションできないのでは、副
審の役目は果たせない。試合展開や
流れ、ボールの動きを読み、どんな
きでもオフサイドラインをキープする。

オフサイドの場所を
旗の高さで主審に知らせる

 コレが できる オフサイドの反則を取ったあと、主審に知らせる動作がわかる。

**旗の位置を変えて主審に
間接FKの場所を伝える**

オフサイドだと判断したら、旗を頭上にあげ主審に知らせる。

その副審の動作を見て、一連のプレーがオフサイドかを主審が判断し、反則かどうかを確定する。

オフサイドの反則が成立したときは、副審はその旗を、斜め上、水平、斜め下のいずれかにしてオフサイドがあった場所を示す。

これは、ゲーム再開のときに間接 FK となる場所を示す大事なメッセージだ。

効くツボ
1. **上・中・下で位置を知らせる**
2. **選手たちにも示す**
3. **右手であげ視野を確保**

効くツボ 1

上・中・下でオフサイドの位置を知らせる

主審が笛を吹き、オフサイドの判定を下したら、頭上にあげていた旗を、斜め上、水平、斜め下にしてオフサイドのあった位置を知らせる。フィールドを3分割して、逆サイドは上、中央付近は水平、手前は下という形で主審に知らせる。

効くツボ 2

選手たちにもわかるように位置を示す

少学生の大会などでは、オフサイドの位置が曖昧になることがある。そのときは、プレーの再開する場所、FKの場所も曖昧になることが多い。そのため、主審だけでなく、選手たちに対してもわかるように、副審はオフサイドの位置を、上・中・下で示す必要がある。

効くツボ 3

必ず右手で旗をあげて広い視野を確保する

副審はオフサイドと判断したら、まず旗をあげる。そのとき、必ず旗は右手で持ち、オフサイドのシグナルを行わなければならない。それは、オフサイドの反則を主審とのアイコンタクトで伝えるために、広い視野を確保する必要があるからだ。

やってみよう

上・中・下のシグナルは明確に

斜め上、水平、斜め下はしっかり角度をつけ、フィールド上の主審からでもわかりやすく。ビシッと示すことで試合を見ている周囲の人にもわかるようにする。

できないときはここをチェック

フィールドをうまく3分割して判断できないときは、ゴールエリアの幅を大まかな目安にし、それよりも手前か、その中か、逆側かで判断する。

44 ▶▶▶ スローイン

スローインのとき副審は
主審より近くで見て注意する

> 💡 **コレが
> できる** 副審目線でスローインがファールスローかどうかの判断ができる。

**ファウルスローかどうかは
副審と協力して監視する**

タッチライン上からプレーが再開されるのがスローイン。

このとき、フィールド上にいる主審よりも、**副審はスローインの動作をより近くで見ることができるのでいくつかの点に注意して見る**ことが必要だ。

事前の打ち合わせで、主審とどの部分を見るかを決めておくこと。お互いに、その点を重点的に見ることで**反則（ファールスロー）を判断する**ので、ミーティングが重要になる。

効くツボ
1. スローインの場所に注意
2. 正しいスローインか注意
3. 旗を斜めに倒して示す

効くツボ 1

スローインの場所を
チェックする

副審は、ライン上でプレーを監視しているので、スローインのときは場所をしっかりチェックする。小学生の場合はプレーに集中しすぎてしまい、どんどんゴール方向に近づく傾向がある。そうした場合、しっかり注意を促し正確な場所を指示する。

効くツボ 2

正しいスローイン（ファール
スロー）かどうか見極める

副審がタッチラインを踏み越えていないか、足があがっていないかをチェックし、主審がボールが頭の上を通っているかをチェックする。特に、小学生は体力を浪費して握力が落ちるとボールがスッポリ抜けたり、頭の上を通過せず投げたりする姿勢になりやすいので、しっかりチェックする。

効くツボ 3

攻撃する方向に
旗を斜めに倒して示す

スローインのとき、旗を上にあげ、そのあと、スローインを行うチームの攻撃する方向に旗を斜めに倒して示す。大会などでは、選手が密集して、ボールがタッチを割っても主審が気づいていない場合などがある。そのときは旗を上にあげた状態をキープする。

☞やってみよう

オフサイドラインもキープ

スローインの判定、シグナルをするときも常にオフサイドラインを意識することが必要だ。プレーが再開しても、すぐに真横から見るポジションをキープできる。

できないときはここをチェック

スローインのとき、ポジション取りのこぜりあいなどがあってプレーをスムーズに行えないときは、一旦プレーを止める。

45 ▶▶▶ ゴールキック
ゴールキックのとき副審は
場所と選手の位置をチェック

> 💡 **コレが できる** ゴールキックのときに副審がチェックするべきポイントを押さえる。

一番大事なのはボールを置く 場所と、選手の位置

　ゴールキックのとき、主審はプレー全体の進行状況などをチェックしているので、副審は実務的なところをチェックする。

　主なのは、**ボールを置く 場所と、（両チームの）選 手の配置の確認。**

　ゴールキックのとき、主審はプレー再開の合図をすると、ボールが入ったあと、次のプレーが起きる場所を想定しながらフィールドの中央にポジションを取る。

　その間、副審はGKの動作や、選手の配置場所をチェックする。

効くツボ
1. **ボールや選手の位置を確認**
2. **自分で判断が難しい場合**
3. **旗をゴールに向けて示す**

効くツボ 1

ボールの位置と選手の配置を確認する

ゴールエリアのラインの延長線上にポジションを取り、ボールの置かれた位置と、両チームの選手の配置を確認する。ボールが蹴られて明らかに動いたときにインプレーとなる。

効くツボ 2

判断が難しい場合は旗をあげるだけ

ゴールキックか、コーナーキックか判断に迷った場合は、旗を頭上にあげ、判断は主審に一任する。小学生の試合では、攻撃側の選手が、ゴールラインを割ってもそのまま攻撃を続けることもあるので、そのときも旗を上にあげ、ゴールラインを割ったことを示す。

効くツボ 3

旗を右手に持ってゴールエリアに向けて示す

ゴールキックのときは、旗を右手に持ってゴールエリアに向けて示す。主審がゴールキックと判定したら、副審は旗を降ろしゴールエリアのラインの延長線上で待機する。このとき、主審とアイコンタクトで意志を確認することができるとよい。

やってみよう
ボールの置く位置をチェック

ゴールキックでプレーを再開するときは、ボールを置く位置はゴールエリア内なら自由にできる。ボールがラインを大きくはみ出ていないか横から見てチェックする。

できないときはここをチェック

ゴールキックを蹴ろうとした時に相手選手がボールを奪うためにペナルティーエリアの中に入った時は旗を上げて主審に知らせる。

46 ▶▶▶ コーナーキック

コーナーキックのときボールの
位置と壁までの距離を見る

💡 **コレが
できる** コーナーキックのときに副審がチェックするべきポイントがわかる。

**無理にプレーを再開させず
しっかり位置を確認**

コーナーキックのとき、主
審はプレーが再開すると同時
に、一番選手が密集するゴー
ル前にポジションを取るので、
副審はボール付近をチェック
する。

主な注目点は、**ボールを
置く場所と、守備側の壁（選
手）までの距離。**

ゴールラインからプレーが
再開されるので、直接ゴール
を狙うなど、得点に係わる
チャンスが多い。そのため、
相手の得点の邪魔をしようと
することが多いので、注意が
必要だ。

効くツボ
1. **コーナーエリア内におく**
2. **壁と選手の位置に注意**
3. **コーナーエリアを旗で示す**

効くツボ 1

ボールはコーナーエリアの なかに置く

ゴールに近い位置でのプレー再開のため、得点の機会が多い。そのため、少しでも優位な位置でボールを蹴ろうとラインを越えて置く小学生もいる。右の図のようにコーナーエリアのラインにボールの一部がかかっていない場合、プレー再開はできない。チェックが必要。

効くツボ 2

守備側の壁や 選手の位置に注意

蹴る方も得点のために必死なら、守備側もゴールを守ることで必死。そのため小学生の試合では、ゴール前の準備ができるまで壁がなかなかさがらないことがある。そうしたときは無理にプレーを再開せず、しっかりと距離が取れてから再開する。

効くツボ 3

自分がいる側の コーナーエリアを旗で示す

ボールがゴールラインを割って、コーナーキックと判断したときはコーナーエリアを旗で示す。これは、反対側からのコーナーキックであっても同じ。自分がいる側のコーナーエリアを指し示す。全ての選手にわかりやすくポージングする。

Let's やってみよう

近くで見てチェックする

コーナーキックのときは、コーナーエリアの近くでプレー再開を見ることができる。そのため、ゴールラインをボールが割ってプレーが続いてしまっていないかどうかも同時に確認する。

できないときはここをチェック

壁までの距離がうまくつかめないときは、ライン上に任意のマークがされているので、そのマークを基準に壁までの距離9.15ｍ（ジュニアでは7m）を確認する。

ペナルティーキックのときは GKの動きと得点をチェック

> 🔆 コレが できる　ペナルティーキックのとき、副審が注意することがわかる。

**GKの動きとゴールインを
真横から確認する**

　ペナルティーキックのとき
は、そのプレーが直接得点に
なるので、最も注意が必要だ。

　副審は、ゴールライン上に
立ち、ＧＫの動きと、ボー
ルがゴールインとなり得点
になったかどうかを真横か
ら確認。小学生の試合では、
ＧＫがキッカーの注意を削ご
うと、前後に動いたり、ラ
イン上から前に出てきたりして、
キッカーが蹴る前に動き出し
たりすることがある。そうし
た動きを監視するのも、副審
の役割だ。

効くツボ
1. 近くにポジショニング
2. ＧＫの動きを確認
3. ゴールかどうかを確認

追加メモ
キッカーが蹴る前に GK が前に動いたとし
てもキッカーに影響しなければ、ボールを
ゴールの外に蹴ってしまったときは反則に
はならない。

効くツボ 1

ペナルティーキックのときは
近くにポジショニング

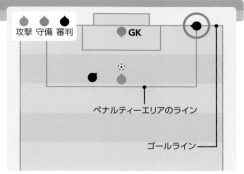

攻撃 守備 審判　　　　　　　●GK

ペナルティーエリアのライン

ゴールライン

ペナルティーキックのとき、副審はゴールラインとペナルティーエリアのラインが重なったところにポジションを取る。通常タッチライン上で動くが、ペナルティーキックのときはフィールドでのプレーはないので、より近くでポジションを取りファウルを監視する。

効くツボ 2

GK が、 キッカーが蹴る前に
動かないかどうかチェック

副審はGKの動きを真横のライン上から見て監視する。小学生だけでなく、どの年代でも得点を止めたいという思いは共通。キッカーが蹴る前にGKが前に動き出してしまうことが多いのでチェックする。ただし、ゴールライン上で左右に動くのは問題ない。

効くツボ 3

ゴールラインを割ったか
ゴールの枠に入ったか確認

副審の最大の役割は、ペナルティーキックで蹴られたボールが得点になったかどうかの判断。ボールが、ゴールラインを割っているか、ゴールの枠のなかに入っているかが確認できたら得点が認められる。後ろのバーに当たり跳ね返った例もあるので注意が必要だ。

やってみよう
ポジショニング後のチェック

主審がペナルティーキックの判断を下したときは、すみやかに決められた自分のポジションを取る。このとき、他の攻撃側、守備側の選手の位置も同時に確認する。

できないときはここをチェック

ゴールにボールが入ったかどうかを見るのが難しいときは、ゴールライン上から手前のゴールポストと逆側のゴールポストが重なるように見る。

48 ▶▶▶ ファウル

主審から見えないファウルを旗を使って主審に伝える

💡 **コレが できる** 副審がチェックするべきファウルのポイントがわかる。

主審と副審の連携で ファウルを判断する

主審のゲームコントロールの援助のため、副審もファウルのチェックをするのが大きな役割。

角度によっては主審からは死角となり見えないファウルもある。そうしたとき、副審は**ファウルがあったことを、旗を使って主審に伝える必要がある。**

そのときは、攻撃側のファウルか、守備側のファウルかによって取るシグナル（旗の振り方、示し方）が違うので、しっかり覚えておく必要がある。

効くツボ
1. 主審の死角をチェック
2. ファウルのときのシグナル
3. 細かい情報も伝える

効くツボ 1

主審の目の届かない
ファウルのチェック

フ　ィールドのなかからプレーを監視する
　　主審からは死角となるファウルがある。
ボールがタッチライン側にあり、プレーしてい
るときは注意が必要だ。特に小学生の試合では
ユニフォームの引っ張り合いや、こぜりあいが
多いので、しっかりチェックする。

効くツボ 2

旗をあげて左右に振り、
斜めに傾ける

フ　ァウルがあったときは、主審とアイコン
　　タクトを取りつつ旗をあげる。そのとき
旗を左右に振る。主審の笛と同時に、守備側の
ファウルならば右に、攻撃側のファウルならば
左に旗を斜めに示す。このとき、それぞれ斜め
に傾ける側の手で旗を持ち示す。

効くツボ 3

ジェスチャーによって細かい
情報を伝えることができる

フ　ァウルの判断をしたら、何が起きたのか
　　判らないようなときは主審に細かい情報
を伝える。そのファウルがハンドか、引っ張っ
たのかなどの簡単なジェスチャーを加えて主審
に伝えることで、よりスムーズなファウルの判
断ができる。右の写真はハンドの場合。

やってみよう
死角をなくすよう心がける

主審と副審とが連携して、プレーに死角ができ
ないような動きを心がける。オフサイドライン
を見ながら、ボールと人を常に主審と挟むよう
に意識して動くことで死角を減らせる。

できないときはここをチェック ☑

ファウルのシグナルは、攻撃側、守備
側どちらのファウルか考えて旗を持ち
替えてあげる。フラッグテクニックはト
レーニングしてミスのないようにする。

コツ No. 49 ▶▶▶ 選手交代

旗を水平に持つことで
主審に交代の合図を送る

💡 **コレが できる** 選手交代のとき、副審のする役割や流れが把握できる。

第4の審判員が居ない場合は 副審が代行する

小学生の大会でも、選手交代は勝敗に係わる重要な戦術となる。

副審は、交代要員がラインの外で待機しているときに、**ボールがアウトオブプレーになったら旗を水平に持ち、主審へ合図を送る。**

本来、チームから選手交代の申請は第4の審判員に対して行われるが、小学生の大会などでは審判員の人数が足りないときもある。その場合は、第4の審判員の役目をベンチに近い側の**副審が代行して交代までの準備をする。**

効くツボ
1. 第4の審判員の代行
2. 選手の用具をチェック
3. 交代のときのシグナル

効くツボ **1**

第4の審判員がいないときは
副審が代行

本来、交代選手の申請やチェックは第4の審判員の仕事。しかし、小学生の大会などでは審判員が不足しており第4の審判員が居ない場合もある。そのときはベンチに近い側に居る副審が代行する。現場で混乱しないためにも、試合前に役割を決めておく。

効くツボ **2**

交代要員の選手の
用具をチェック

交代が行われる前に、交代要員として待つ選手の用具をチェックする。ユニフォームの色や背番号はもちろんだが、スパイクの破損、すねあて、装身具など、その選手が入ってプレーに影響がないかを、フィールドに送り出す前に確認し準備を済ませておく。

効くツボ **3**

旗を水平にして
上に掲げ、待つ

全ての準備が整って、交代要員がラインの外で待機しているときに、副審は交代の合図を出す。ボールがアウトオブプレーになったことを確認し、主審に交代がわかりやすいよう旗を水平にして上に掲げ、待つ。主審が気がついたらすみやかにおろす。

Let's
やってみよう

自由交代の規定も憶えておく

小学生の大会では競技規定で自由な交代が認められている場合がある。そのため、頻繁に交代が行われるので自由な交代が認められているかどうかを事前に頭に入れて準備しておく。

できないときはここをチェック ☑

旗がうまく水平に持てないとき。その場合は、旗の柄の部分と先の部分をしっかり持ってあげるようにすると、水平にできる。旗の部分は手で持たない。

50 ▶▶▶ 第4の審判員の役割

第4の審判員の役割は記録全般と選手たちのコントロール

コレができる わかりづらい第4の審判員の役割がどんなものか理解できる。

主審や副審に何かあれば第4の審判員が代わる

第4の審判員の役割は、かなり多岐にわたっているが意外と知られていない。

第4の審判員の主な役割は、その**試合の得点、警告、退場、交代といった記録全般**に加え、フィールド周辺（ベンチやアップしている選手たち）のコントロールなど。

また、大会の規則によっては、主審や副審にもしものことがあれば、第4の審判員が代わりを務めることもあるので、心構えが必要だ。

効くツボ
1. 選手交代の管理
2. 記録全般のサポート
3. ベンチコントロール

効くツボ 1

交代カードの確認、選手の管理

交 代のときは、交代カードを確認する。交代カードに監督のサインがあるか、事前にベンチ登録されている選手かどうかなどをチェックする。また、小学校世代の場合はその大会ごとに自由な交代というルールがあるので気をつけることが必要だ。

効くツボ 2

その試合における記録全般のサポート

試 合中には、試合の記録を取ることも重要な役目。得点、警告、退場、交代などの時間やそのときに起きたことの記録をすることで、主審をサポートする。2度目の警告選手なのに、退場させるのを忘れてしまった場合なども、記録を見て主審に助言する。

効くツボ 3

フィールド周辺、ベンチのコントロール

第 4の審判員は、フィールドの中を監視する主審や副審とは違って、フィールド周辺のコントロールをする役目がある。ベンチからのコーチング、控え選手のアップする場所の他にも、立ちあがって応援しているときなど、常に対応できるように準備が必要だ。

やってみよう

記録用紙は自作でもいい

試合の記録用紙は自作のものでもいい。得点や警告、選手交代、小学校世代では大会によって登録選手の数も変化するので、よりわかりやすく記載できるものを利用するといい。

できないときはここをチェック

うまくフィールド周辺のコントロールができないときは、試合に影響が出ると判断した場合、主審から直接注意を促してもらうなど工夫をしてみる。

審判員同士で互いにする評価と反省

審判採点チェックシート　　記入者名

年　　　月　　　日　　　　　　VS

主審　　氏名

■ **判定の的確さ、一貫性**

　1. 競技規則の適用が的確で、かつ基準が一貫していたか　□

　2. アドバンテージの適用は的確だったか　□

■ **ゲームコントロール**

　1. 必要なときに警告、退場を出していたか　□

　2. 態度は毅然としているか、公平か、
　　　シグナルや笛は明確だったか　□

■ **体力、動き、ポジショニング**

　1. スタミナ、スピードは十分だったか。
　　　必要なときに全速で走っていたか　□

　2. よいポジションをとっていたか　□

■ **副審との協力**

　1. 副審とよいチームワークをつくっていたか。
　　　副審のシグナルに適切に対応していたか　□

コメント

審判員もお互いを評価しあうことが重要だ。試合終了後に下のチェックシートを使って、それぞれ自分の担当ではない審判を採点してみる。そして、採点後にミーティングをすることで、自分の反省点が見えてくる。互いに評価しあうことで課題を浮き彫りにして、次の試合に活かすことが重要である。

副審　　氏名＿＿＿＿＿＿＿＿＿＿＿＿＿＿＿

■ オフサイドの判定は的確だったか　　　　　☐

■ ポジショニングと動きは的確だったか　　　☐

■ 主審との協力はできていたか　　　　　　　☐

■ その他の判定は的確だったか　　　　　　　☐

■ シグナルは的確だったか　　　　　　　　　☐

コメント

第４の審判員　　氏名＿＿＿＿＿＿＿＿＿＿＿＿＿

コメント

サッカーの価値を高めてくれる

サッカーに限らず、スポーツは常に「フェアプレーの精神」を持つことが大切だ。
全員が相手に敬意を払い、尊重することが重要になる。

⚽ 仲間として相手選手に敬意を払う

　まず審判員の立場から見ると、しっかりルールを理解し、具体的な使い方を知ることになる。何よりも重要なことはルールの意義、つまりルールの基本となる「考え方」を理解し、それを実現するように務めること。審判員には、常に正しい判定と的確なルールの適用が求められている。

　プレーをする選手たちも、同じようにルールの理解が求められる。そして、「安全」「公平」「喜び」の気持ちを常に持つことが大切である。ルールは、自分も他人もケガをしないで安全にプレーできること、両チームの選手に公平であること、みんなが楽しくプレーできることを意図してつくられている。そのことを十分理解して

プレーすることが求められている。

そのため、相手チームの選手は「敵」ではなく、同じサッカーを楽しむ「仲間」。相手選手を傷つけるような反則は絶対に避けなければならない。それが相手に敬意を払う、リスペクトするということになる。

また、審判員を信頼し尊重することも重要だ。審判員も人間だから、ミスをすることを認めなければいけない。ミスそのものを許すのではな

く、受け入れる広い気持ちを持つことである。勝敗の最終判断を任せた人なのだから、審判員を信頼し、その判断を尊重しなければならない。だから、審判員の人格を傷つけたり、屈辱したりなどの行為は慎む。

このようなサッカーの価値を高める行為こそ、フェアプレーといえる。「勝つために手段

を選ばず」という考え方では、誰もサッカーを楽しくプレーすることはできないし、楽しく見ることもできない。「フェアプレー」とは我々の愛するサッカーの価値を高めてくれる大事なものなのだといえる。そして同時にサッカーに取り組む、私たちの価値、人生の価値を高めてくれるものでもある。

⚽ グリーンカードの提示

近年、日本サッカー協会では、小学校世代（U－12・第4種）の試合において、グリーンカードの積極的な活用を奨めている。

現在、審判員にはイエローカードとレッド

カードを使って、違反していることを選手に伝えることが認められている。しかし、ネガティブなことだけではなく、ポジティブなことをしたのならば、そのときは賞賛や感謝を示すべき

だという考えが、グリーンカードの提示である。ポジティブな行動を再確認、再強化するためにも、ケガをした選手への思いやり、意図していないファウルのときの謝罪や握手に対して、グリーンカードを積極的に提示する。こうして、子どもたちのフェアプレーの精神を育む取り組みをしている。

ジュニアサッカー 審判マニュアル コツ50と効くツボ早見表

全ての「コツ」と「ツボ」をまとめて一覧にしました。
ここに大事なテクニックが凝縮されているので、
ひととおり読み終えたら、試合のときに切り取って持って行き、確認してください。

PART1 キックオフまでの準備

コツ No.01 1試合を走り抜く 走力とスタミナをつくる P14	効くツボ 1	ランニングで体力づくり
	効くツボ 2	食事に注意する
	効くツボ 3	時間は逆算して考える

コツ No.02 ルール、試合時間などは 前日までに入念に確認する P16	効くツボ 1	試合のビデオを見る
	効くツボ 2	大会規定を確認しておく
	効くツボ 3	遅刻は絶対にしない

コツ No.03 審判員でミーティングをして お互いの信頼を深める P18	効くツボ 1	握手を交わす
	効くツボ 2	情報を共有する
	効くツボ 3	ファウルの基準を確認

コツ No.04 フィールド全体を見て 不備がないか確認する P20	効くツボ 1	フィールド全体の確認
	効くツボ 2	ラインやフラッグの確認
	効くツボ 3	ゴールの確認

コツ No.05 服装は選手と区別する 用具は役割を理解して使う P22	効くツボ 1	カードと旗は重要アイテム
	効くツボ 2	時計は用途別に2つ用意
	効くツボ 3	プラスαの道具で便利に

コツ No.06 選手の用具を確認して チームの色分けを明確にする P24	効くツボ 1	ユニフォームは色を分ける
	効くツボ 2	すねあての着用を確認
	効くツボ 3	ミサンガなど装身具はNG

コツ No.07 公正な試合をするために 審判と選手でフェアプレーを誓う P26	効くツボ 1	選手を呼びに行く
	効くツボ 2	入場して整列
	効くツボ 3	コイントスの勝敗を決める

PART2 主審の役割

コツ No.08 競技のスムーズな進行のために リーダー意識を常に持つ P30	効くツボ 1	ゲームをコントロール
	効くツボ 2	他の審判員と協力する
	効くツボ 3	報告書を制作し次に活かす

コツNo.09 フィールド上を対角線に 走り多角的にプレーを見る P32	効くツボ 1	基本は対角線で動く
	効くツボ 2	ボールは副審と挟んだ位置
	効くツボ 3	リスタート時も同じ位置で

コツNo.10 キックオフを行う選手を除いて、すべての 選手が自陣に入っていることを確認する P34	効くツボ 1	選手の距離を確認
	効くツボ 2	攻撃側の戻りを確認
	効くツボ 3	全員に見せるシグナル

コツNo.11 ファウルの程度には 3種類あるのでしっかり見極める P36	効くツボ 1	結果的に足をかけたか判断
	効くツボ 2	ケガの危険性を判断
	効くツボ 3	ケガをさせる意識を判断

コツNo.12 手を使ったファウルは 選手の意図と状況で判断する P38	効くツボ 1	相手を押さえる
	効くツボ 2	状況をしっかり見極めて判断
	効くツボ 3	手やヒジでプレーを妨げる

コツNo.13 ファウルが意図的か そうでないのかを見極める P40	効くツボ 1	相手に乗っかる
	効くツボ 2	正当なチャージの判断
	効くツボ 3	足に当たってしまった場合

コツNo.14 選手の安全を守るため ケガの恐れのあるファウルを覚えておく P42	効くツボ 1	相手を殴る
	効くツボ 2	スライディングタックル
	効くツボ 3	タックルは足の位置で判断

コツNo.15 ボールと壁の位置と距離 を確認して、注意を促す P44	効くツボ 1	ゴール前での位置と距離
	効くツボ 2	蹴る側のボール位置
	効くツボ 3	攻める方向に手をあげる

コツNo.16 間接FKの再開方法で 特別な事例を覚える P46	効くツボ 1	壁をゴールライン上に
	効くツボ 2	ボールが外に出たら再開
	効くツボ 3	片手を大きく頭上にあげる

コツNo.17 警告になる行為は8つ 選手の意図を読み判定する P48	効くツボ 1	マーク、フリは警告
	効くツボ 2	試合の再開を遅らせる
	効くツボ 3	ジャッジに対する異議

コツNo.18 警告になりそうな選手は 事前に注意して状況を見極める P50	効くツボ 1	しっかり状況を見極める
	効くツボ 2	イエローカードの基準
	効くツボ 3	カードは高くあげ示す

コツNo.19 著しく不正なプレーには レッドカードを直ちに出す P52	効くツボ 1	ボールと関係ない場面
	効くツボ 2	乱暴な行為
	効くツボ 3	レッドカードは即座に示す

コツNo.20 得点直前の妨害にも 厳しい判断でレッドカードを示す P54	効くツボ 1	手を使って止める
	効くツボ 2	キーパーが手をかけたら反則
	効くツボ 3	ゴール前で得点機会を阻止

コツNo.21 規定の位置につくまで PKの合図をしない P56	効くツボ 1	ボールを置く位置
	効くツボ 2	選手の配置を確認
	効くツボ 3	ペナルティーマークを示す

コツNo.22 勝利チームを決める PKでは、人数や順番、場所を確認 P58	効くツボ 1	蹴る人数を同じにする
	効くツボ 2	コイントスで先攻を決める
	効くツボ 3	選手の位置を確認して開始

コツNo.23 負傷者が出た場合は ケースに合った的確な対応をする P60	効くツボ 1	ゲームを切るかの見極め
	効くツボ 2	重傷の場合は救急車を
	効くツボ 3	手を内側に動かして合図

コツ No.24 アドバンテージを見て すぐにプレーを止めない P62	効くツボ 1	反則の重さを見る
	効くツボ 2	ゴールまでの距離を確認
	効くツボ 3	他の選手にも示す
コツ No.25 オフサイドはボールと 選手をよく見て判断する P64	効くツボ 1	ポジションを確認する
	効くツボ 2	手は出ていてもOK
	効くツボ 3	手を頭の上にあげる
コツ No.26 プレーを妨害する オフサイドを見極める P66	効くツボ 1	パスを受けるポジション
	効くツボ 2	プレーの可能性がない
	効くツボ 3	オンサイドの選手の動き
コツ No.27 守備側の選手に不利益なら オフサイドの反則を取る P68	効くツボ 1	プレーや視線を妨げる
	効くツボ 2	シュートコース上にいない
	効くツボ 3	プレーの可能性を妨げる
コツ No.28 攻撃側が利益を得たときの オフサイドを見極める P70	効くツボ 1	足元に転がった
	効くツボ 2	GKから跳ね返った
	効くツボ 3	ブロック後のオフサイド
コツ No.29 オフサイドにならない 特殊な事例を頭に入れて備える P72	効くツボ 1	ハーフウェーライン
	効くツボ 2	スローインでプレー再開
	効くツボ 3	負傷者がいたとき
コツ No.30 ドロップボールは腰の高さ 他の選手は4m以上ボールから離れる P74	効くツボ 1	隣から入ってきたボール
	効くツボ 2	地面についてインプレー
	効くツボ 3	ボールが審判に当たる場合
コツ No.31 ボールがラインを 完全に割るまではインプレー P76	効くツボ 1	インプレーとアウトオブプレー
	効くツボ 2	審判に当たった場合
	効くツボ 3	跳ね返った場合
コツ No.32 スローインのフォームや 投げ入れる場所に注意 P78	効くツボ 1	場所はあっているか
	効くツボ 2	ファールスローの判断
	効くツボ 3	手は攻撃側を示す
コツ No.33 ゴールキックのとき 遅延行為などの反則に注意 P80	効くツボ 1	ボールを置く位置
	効くツボ 2	キーパーの遅延行為
	効くツボ 3	ゴールエリアを指して示す
コツ No.34 コーナーキックでは ボールと選手の位置を確認する P82	効くツボ 1	ボールを置く場所
	効くツボ 2	壁、選手の位置を確認
	効くツボ 3	再開する方を手で示す
コツ No.35 得点の判断は ボールの全体が越えたら得点 P84	効くツボ 1	ゴールインを見極める
	効くツボ 2	副審にアイコンタクト
	効くツボ 3	センターマークを示す
コツ No.36 選手交代は決められた 条件を頭に入れてスムーズに行う P86	効くツボ 1	記録用紙をチェックする
	効くツボ 2	ハーフウェーラインから入る
	効くツボ 3	出場を待つ選手に合図
コツ No.37 アディショナルタイムの時間は 主番の裁量で決める P88	効くツボ 1	選手交代のときに取る
	効くツボ 2	負傷者が出た場合に取る
	効くツボ 3	PKは最後まで行う
コツ No.38 終了後は選手同士で 健闘をたたえ合うことを徹底 P90	効くツボ 1	片手は頭上で笛を吹く
	効くツボ 2	整列して挨拶
	効くツボ 3	選手同士、健闘をたたえ合う

コツNo.39 役割を分担して主審を援助する P94	効くツボ 1	ライン上から判断
	効くツボ 2	オフサイドラインの監視
	効くツボ 3	不正行為の判断

コツNo.40 攻守の違いを示すためあげる旗を左右で持ち替える P96	効くツボ 1	腕と旗を一直線に
	効くツボ 2	守備側は右手、攻撃側は左手
	効くツボ 3	右手と左手での持ち替え

コツNo.41 タッチラインの外側をオフサイドラインに合わせて動く P98	効くツボ 1	受け持った陣地で動く
	効くツボ 2	逆サイド時の位置取り
	効くツボ 3	オフサイドラインで動く

コツNo.42 後ろから2人目と同じラインに立って判断する P100	効くツボ 1	セカンドDFの横から見る
	効くツボ 2	オフサイドラインを見る
	効くツボ 3	オフサイドなら旗をあげる

コツNo.43 オフサイドの場所を旗の高さで主審に知らせる P102	効くツボ 1	上・中・下で位置を知らせる
	効くツボ 2	選手たちにも示す
	効くツボ 3	右手であげ視野を確保

コツNo.44 スローインのとき副審は主審より近くで見て注意する P104	効くツボ 1	スローインの場所に注意
	効くツボ 2	正しいスローインか注意
	効くツボ 3	旗を斜めに倒して示す

コツNo.45 ゴールキックのとき副審は場所と選手の位置をチェック P106	効くツボ 1	ボールや選手の位置を確認
	効くツボ 2	自分で判断が難しい場合
	効くツボ 3	旗をゴールに向けて示す

コツNo.46 コーナーキックのときボールの位置と壁までの距離を見る P108	効くツボ 1	コーナーエリア内におく
	効くツボ 2	壁と選手の位置に注意
	効くツボ 3	コーナーエリアを旗で示す

コツNo.47 ペナルティーキックのときはGKの動きと得点をチェック P110	効くツボ 1	近くにポジショニング
	効くツボ 2	GKの動きを確認
	効くツボ 3	ゴールかどうかを確認

コツNo.48 主審から見えないファウルを旗を使って主審に伝える P112	効くツボ 1	主審の死角をチェック
	効くツボ 2	ファウルのときのシグナル
	効くツボ 3	細かい情報も伝える

コツNo.49 旗を水平に持つことで主審に交代の合図を送る P114	効くツボ 1	第4の審判員の代行
	効くツボ 2	選手の用具をチェック
	効くツボ 3	交代のときのシグナル

コツNo.50 第4の審判員の役割は記録全般と選手たちのコントロール P116	効くツボ 1	選手交代の管理
	効くツボ 2	記録全般のサポート
	効くツボ 3	ベンチコントロール

岡田正義　［おかだ　まさよし］

1958 年 5 月 24 日東京都西東京市で生まれる。28 歳で（財）日本サッカー協会 1 級審判員資格取得。1993 年 34 歳で国際主審に登録される。その年に J リーグが開幕し、第 2 節横浜マリノス対ガンバ大阪戦で J リーグ主審デビュー。1998 年ワールドカップフランス大会でイングランド対チュニジア戦の主審を担当。2002 年にプロフェッショナルレフェリー第 1 号となる。J1 リーグ主審 336 試合、国際試合 116 試合、総試合数 1600 試合。2010 年 1 級審判員を引退、2017 年 12 月まで（公財）日本サッカー協会とトップレフェリーインストラクター契約し、主にプロフェッショナルレフェリー（PR）や国際主審、J リーグ担当主審の指導に関わっていた。現在、ジャスティス企画代表として色々な角度から審判関連業務を行っている。

パッセサッカークラブのみなさんと元 1 級審判員濱口和明さん、OB の石井寛人さん